Die Ruhestätte Friedrichs des Grossen zu Sanssouci

Hans-Joachim Giersberg

Die Ruhestätte Friedrichs des Grossen zu Sanssouci

Nicolai

Umschlagabbildung: Johann Christoph Frisch, Friedrich II. und der Marquis d'Argens besichtigen den Gruftbau in Sanssouci, 1802.

Für das Kapitel »Die Gruft« wurde ein Manuskript von Rolf-Herbert Krüger verwendet.

Layout: Dorén + Köster
Satz: Mega-Satz-Service
Lithos: O.R.T. Kirchner + Graser GmbH
Druck: H. Heenemann GmbH
Bindung: Lüderitz & Bauer GmbH
Alle Berlin

Printed in Germany
ISBN 3-87584-388-6

Vorwort

Sanssouci ist nach dem 17. August 1991 mehr als nur der vielbesuchte Ort, an dem sich Friedrich der Große (1712–1786) am liebsten aufhielt, wo das friderizianische Rokoko seine reichste Ausprägung erfuhr und wo der Philosoph Voltaire und der General von Zieten zu Gast waren. Am 205. Todestag des wohl bedeutendsten Preußenkönigs ist seine testamentarische Festlegung erfüllt und Sanssouci auch zur Ruhestätte geworden.

Seit dem gleichen Tag steht der Sarg des Vaters, des Königs Friedrich Wilhelm I. (1688–1740), im Mausoleum Kaiser Friedrichs III. an der Friedenskirche in Sanssouci.

Die Särge der beiden preußischen Könige haben mehr als eineinhalb Jahrhunderte nebeneinander in der Potsdamer Garnisonkirche gestanden und sind nun nach einer Odyssee in den Nachkriegsjahren von der Burg Hohenzollern in die Stadt zurückgekehrt, die beiden viel zu verdanken hat und die für den einen Sparta und für den anderen Athen war.

Friedrich der Große war der erste Hohenzollernherrscher, der in Sanssouci begraben sein wollte. Sein Wunsch wurde bekanntlich von seinem Nachfolger nicht respektiert.

Im 19. Jahrhundert hat Friedrich Wilhelm IV. (1796–1861) erst als Kronprinz in Charlottenhof und dann nach seiner Thronbesteigung 1840 im Schloß Sanssouci gewohnt. Zur Begräbnisstätte bestimmte er für sich und seine Frau, die Königin Elisabeth (1801–1873), die Friedenskirche, die er selbst hatte nach 1845 bauen lassen.

Für den Kaiser Friedrich III. (1831–1888) und die Kaiserin Viktoria (1840–1901) errichtete der Baumeister des Berliner Domes, Julius Raschdorff, 1888 bis 1890 nach dem Vorbild der Grabkirche Innichen in Tirol das Mausoleum am Atrium der Friedenskirche. Dort wurden auch die beiden früh verstorbenen Söhne des Kaiserpaares, Sigismund (1864–1866) und Waldemar (1868–1879), beigesetzt.

Im 20. Jahrhundert ist mit dem Antikentempel am Neuen Palais eine weitere Ruhestätte der Hohenzollern in Sanssouci hinzugekommen. Das 1768 von Carl von Gontard nach Skizzen Friedrichs des Großen errichtete Bauwerk war für die Aufbewahrung der Antiken-Sammlung des Königs bestimmt. Nach deren Überführung zwischen 1798 und 1828 nach Berlin wurde ab 1852 die zweite Fassung des Luisen-Grabmals, das Rauch ohne Auftrag und Wissen Friedrich Wilhelms III. geschaffen hatte, dort aufgestellt.

Kaiser Wilhelm II. residierte nach seiner Thronbesteigung 1888 im Neuen Palais, und in Ermangelung einer Kapelle wurde dafür 1905 der Antikentempel eingerichtet. Die seit 1918 im holländischen Exil lebende Kaiserin Augusta Viktoria (1858–1921) wurde ihrem Wunsch entsprechend nach ihrem Tode im Antikentempel beigesetzt. Es folgten die Prinzen Joachim (1890–1920, 6. Sohn des Kaisers), Eitel Friedrich (1883–1943, 2. Sohn des Kaisers), Wilhelm (1906–1942, ältester Sohn

des Kronprinzen Wilhelm und der Kronprinzessin Cecilie) sowie erst 1947 die zweite Frau Kaiser Wilhelms II., Hermine (geb. 1887).
Neben Sanssouci befindet sich mit dem Mausoleum in Charlottenburg eine weitere Begräbnisstätte der Hohenzollern in einer Parkanlage. Dort liegen die Königin Luise (1776–1810), König Friedrich Wilhelm III. (1770–1840), Kaiser Wilhelm I. (1797–1888) und Kaiserin Augusta (1811–1890).
Als erster Preußen-König wollte Friedrich der Große, der Philosoph von Sanssouci, in seiner eigenen Schöpfung begraben werden. Nach zwei Jahrhunderten wurde seinem Wunsch entsprochen, und er kehrt nach Sanssouci zurück.

1. Johann Christoph Frisch, Friedrich II. und der Marquis d'Argens besichtigen den Gruftbau in Sanssouci, 1802

Et in Arcadia ego – Auch in Arkadien herrsche ich, der Tod

Auf der Berliner Akademieausstellung 1802 stellte deren Vizedirektor Johann Christoph Frisch (1738–1816) in der ersten Rubrik »Galerie vaterländisch-historischer Darstellungen« ein Gemälde mit dem Titel »Anekdote aus dem Leben Friedrichs des Zweiten« aus. Zur Erklärung der sehr allgemeinen Bildbezeichnung enthält der Katalog eine ausführliche Beschreibung der Darstellung und des Inhalts:
»In den ersten Jahren seiner Regierung und kurz nach der Erbauung des Schlosses Sanssouci, ließ der König auf der Morgenseite der Terrasse vor diesem Schlosse, zwischen der Marmorgruppe der Flora und der Büste des Julius Cäsar, (welche, nebst den fünf Kaisern, einen halben Cirkel von Gebüsch hinter dieser Gruppe verzieren) eine Gruft ausmauern, die er aus den Fenstern desjenigen Zimmers im Schlosse, welches er nachmals ständig bewohnte, sobald er seine Blicke dahin richtete, nahe vor Augen hatte. – Als damals der König einst auf dieser Terrasse mit dem Marquis d'Argens spazieren ging, und sie sich unter anderen Dingen auch von einer Benennung des neuerbaueten Schlosses und Gartens unterhielten (welches bisher nur der Weinberg hieß); so schlug ihm d'Argens vor, es Sanssouci zu nennen. Recht gut, sagte der König, aber bedeutend auf diese Gruft zeigend, welche sie eben im Gehen erreicht hatten, fügte er hinzu: Mein lieber Marquis, quand je serai là, je serai sans souci (erst hier werde ich ohne Sorgen seyn).«[1]
Wenn auch anekdotisch verklärt und – wie sich zeigen wird – in der Zusammenstellung anachronistisch, ist dieses Bild doch geradezu ein Schlüssel zum Verständnis der königlichen Sommerresidenz Sanssouci. Mit dem Marquis d'Argens (1704–1771), der sich seit 1742 in Berlin aufhielt und von Anfang an Mitglied der Tafelrunde war, steht der König an der Gruft, deren Umrandung von Maurern gerade fertiggestellt

wird. Im Hintergrund sieht man das Schloß Sanssouci, den Lieblingsaufenthalt Friedrichs. Das dabei geführte Gespräch soll die Veranlassung für die Namensgebung von Schloß und Garten Sanssouci gewesen sein. So berichtet es jedenfalls Friedrich Nicolai 1789 in seinen »Anekdoten von König Friedrich II.«[2], und so stellt es danach Frisch Jahre später im Bilde dar. Der König war zu dieser Zeit fast zwei Jahrzehnte tot, nicht aber in der Gruft beigesetzt worden.
Zu Lebzeiten Friedrichs II. gibt es keine schriftlichen Hinweise auf die Existenz der Gruft, was nicht ausschließt, daß man von ihr wußte. Als

2. Georg Wenzeslaus von Knobelsdorff und Antoine Pesne, Ansicht von Rheinsberg, um 1737

erster weist Manger darauf hin und gibt glaubhaft als Entstehungsjahr 1744 an.[3] Zu diesem Zeitpunkt stand das Schloß Sanssouci noch nicht. Auf dem Gemälde Frischs ist allerdings im Hintergrund das Schloß zu sehen, was darauf schließen läßt, daß dem Maler das Baudatum und auch die Aufstellung der Figur der Flora, die erst 1749 erfolgte, nicht bekannt waren. Trotz dieser Anachronismen bleibt das Grundmotiv: Der König läßt sich in seiner Sommerresidenz, in unmittelbarer Nähe des Schlosses, eine Gruft anlegen, in die er, wie noch darzulegen sein wird, auch bestattet werden wollte.

3. Charles Silva Dubois, Ansicht der Terrassenanlage von Sanssouci, um 1746/47

Schon der Gedanke war ungewöhnlich, denn die Grablege der Hohenzollern war seit 1542 der Berliner Dom. Der Kurfürst Joachim II. hatte 1536 die ehemalige Dominikanerkirche auf dem Berliner Schloßplatz zur Domkirche erhoben und unter dem Chor eine Gruft anlegen lassen. Die letzten drei brandenburgischen Kurfürsten – Friedrich I., Friedrich II. und Albrecht Achilles – waren jedoch noch in der fränkischen Klosterkirche Heilsbronn begraben worden. Die beiden folgenden Herrscher – Johann Cicero und Joachim I. – wurden in Lehnin, dem Grabkloster der Askanier, beigesetzt, jedoch 1545 nach Berlin überführt. Friedrich II. ließ 1747 die alte Domkirche durch einen Neubau nach eigenen Skizzen von Jan Boumann im Lustgarten ersetzen. In den Nächten vom 26. bis 31. Dezember 1749 wurden 49 Särge in den neuen Dom umgesetzt.[4] Ausnahmen bildeten bis dahin nur Kurfürst Georg Wilhelm, der Vater des Großen Kurfürsten, der nach seinem Tode 1640 in Königsberg in der dortigen Schloßkirche beigesetzt wurde, und König Friedrich Wilhelm I., dessen Sarg 1740 wunschgemäß in der Gruft der Potsdamer Garnisonkirche aufgestellt wurde.

Nach anfänglichem Zögern hatte sich Friedrich II. zu Beginn des Jahres 1744 entschlossen, wie seine Vorväter in Potsdam zu residieren. Das unter dem Kurfürsten Friedrich Wilhelm in der zweiten Hälfte des 17. Jahrhunderts errichtete Stadtschloß wurde nach Angaben des Königs und Entwürfen Georg Wenzeslaus von Knobelsdorffs (1699–1753) für den Aufenthalt im Winter umgebaut und vor dem Brandenburger Tor ein Weinberg und bald darauf ein Schloß, der Sommersitz Sanssouci, angelegt.

Vier Jahre, zwischen 1736 und 1740, hatte Friedrich als Kronprinz in Rheinsberg die glücklichste Zeit verlebt, wie er am Lebensende selbst bekannte. Schon 1737 hatte er diesen Ort als »mein Sanssouci« bezeichnet, und die Vorstellung eines »märkischen Arkadiens« wird am besten in der Ansicht Rheinsbergs, gemalt von Knobelsdorff und Pesne aus dem gleichen Jahre deutlich. Nach der Thronbesteigung 1740 war er nur noch einmal dort, und als er sich für Potsdam entschieden hatte, schenkte er Rheinsberg im Juni 1744 seinem Bruder Heinrich. Aber im Zusammenhang mit Rheinsberg äußerte sich der König zum ersten Mal über die Art und Weise der Bestattung bei seinem eventuellen Tode.

Während des Ersten Schlesischen Krieges war Friedrich II. am 27. Februar 1741 bei Baumgarten in die ernste Gefahr geraten, von Österreichern gefangen genommen zu werden. In einem Schreiben an den Kabinettsminister Heinrich Graf von Podewils (1695–1760) vom März 1741 legte er Maßnahmen für den Fall einer tatsächlichen Gefangennahme fest und gab auch an, wie bei seinem im Krieg nie auszuschließenden Tode zu verfahren sei: »Falle ich, so ist mein Wille, daß mein Leib nach Römerart verbrannt und in einer Urne in Rheinsberg beigesetzt werde. Knobelsdorff soll mir ein Grabdenkmal errichten, wie das des Horaz im Tusculum.«[5] Nur einen Monat später verfügte er erneut in einem Brief vor der Schlacht bei Mollwitz am 8. April 1741 an seinen Bruder August Wilhelm, was nach seinem Tode geschehen solle.[6] Und tatsächlich ist der König bei der Schlacht in große Gefahr geraten, gefangen oder gar erschossen zu werden.

Prinz Heinrich hat diese Idee der Bestattung in Rheinsberg aufgenommen und ist nach seinem Tode 1802 in einem Grabmal in Form eines Pyramidenstumpfes, den er schon zu Lebzeiten bauen ließ, im dortigen Park beerdigt worden.

Potsdam, besser Sanssouci, sollte nun als »Sitz der Ruhe des häuslichen Lebens, der schönen Natur und der Musen«[7] für Friedrich das neue Arkadien werden. Dem König war die Endlichkeit des irdischen Glücks spätestens seit den Erfahrungen im Ersten Schlesischen Kriege bewußt. In Briefen an Freunde und in seinen späteren Testamenten kommt das immer wieder zum Ausdruck. Einen deutlichen Hinweis darauf enthält auch die Ende 1746/Anfang März 1747 von Charles Dubois gemalte Supraporte im Konzertzimmer des Schlosses Sanssouci: Über die Havel hinweg sieht man auf die Terrassen mit dem bekrönenden Schloß, im Vordergrund stehen und sitzen zwei Hirtinnen und ein Hirte mit ihrer Herde an einem antiken Grabmal; auch in Sanssouci hat der Tod seinen Platz – et in Arcadia ego. Man denkt sofort an Poussins bekanntes Bild im Louvre. Hatte der König dem Maler dieses Motiv vorgegeben?

Wieder ist es Knobelsdorff, der nicht nur mit dem König zusammen dieses Arkadien entwirft und gestaltet, sondern wie in Rheinsberg mit seiner 1750 gemalten Ansicht von Potsdam und Sanssouci auch ein Abbild davon gibt. In der leicht hügeligen Landschaft mit dem breiten Lauf der

4. Georg Wenzeslaus von Knobelsdorff (?), Kronprinz Friedrich (II.) von Preußen, um 1737

5. Georg Wenzeslaus von Knobelsdorff, Potsdam und Sanssouci, 1750

Havel erheben sich die drei barocken Kirchtürme der Stadt, und in leichtem Dunst sind das Schloß Sanssouci und der Obelisk am Eingang sichtbar. Auf der höchsten Erhebung ragen am linken Bildrand die 1748 errichteten antikisierenden Ruinen auf dem gleichnamigen Berg in den Himmel und weisen auf die Vergänglichkeit von Natur und Menschenwerk hin.

Als Dubois und Knobelsdorff ihre Bilder malten, war die Gruft auf der obersten Schloßterrasse bereits vorhanden. Ihr Bau steht in engem Zusammenhang mit der Terrassierung des Weinberges von Sanssouci.

Die Gruft

In seiner »Beschreibung der Königlichen Residenzstädte Berlin und Potsdam« vermerkt Friedrich Nicolai 1786 über Sanssouci: »Vom obigen großen Bassin (gemeint ist das Bassin im Parterre vor den Terrassen, d. V.) hat man rechts den Berg vor sich, worauf das Schloß Sanssouci liegt. Der Berg ward 1744 von Diterichs abgetragen und mit Mauern eingefaßt, er ist 60 Fuß hoch, enthält 6 Terrassen (jede von 10 Fuß) und ebensoviel steinerne Treppen in der Mitte, die an den Seiten Grasrampen haben...«[8] »...Das Schloß ist nach der Idee des Königs selbst gebauet worden. Der Freyherr von Knobelsdorff machte die Zeichnung und der König trug 1745 Diterichs den Bau auf. Dieser zeichnete den Riß ins Große, verschrieb die Materialien, schloß mit den Bildhauern und Steinmetzen die Kontrakte und den 14. April d.J. ward der Grundstein gelegt...«[9]
Der vom König mit dem Entwurf und Bau der Terrassen sowie der Gruft beauftragte Friedrich Wilhelm Diterichs (1702 Uelzen – 1782 Orpensdorf) bekleidete seinerzeit das Amt eines Oberbaudirektors in der Kurmärkischen Kammer und hatte sich in Brandenburg-Preußen als Ingenieur einen Namen mit dem Bau von Brücken, Schleusen, Mühlen und Manufakturbetrieben wie z. B. dem Hochofen von Zehdenick gemacht. Seinen Ruf als Architekt begründete Diterichs mit dem Bau des Prinzessinnen-Palais in Berlin (heute Operncafé) und dem Bau von Schloß und Kirche in Berlin-Buch, vieler Berliner Stadtpalais und Kirchen in der Altmark sowie der heute leider nicht mehr vorhandenen Böhmischen Kirche in Berlin. Besonderes Ansehen genoß Diterichs durch seine Tätigkeit als Baubeamter, die ihn vom Bauinspektor seit 1723 bis zum Kriegs- und Domänenrat unter Friedrich Wilhelm I. aufsteigen ließ. Diterichs war von Friedrich II. 1744 die zusätzliche Direktion der

Königlichen Bauten in Potsdam übertragen worden, obwohl er als Baudepartementsrat der Neumärkischen und Kurmärkischen Kammer wahrlich mit Arbeit überhäuft wurde.[10] Er galt als einer der wichtigsten Baubeamten im friderizianischen Preußen, der später mit der Orpensdorfer Kirche in der Altmark 1747 und dem Ephraimschen Palais in Berlin 1762–1767 noch heute existierende oder wieder aufgebaute Architekturensembles von hohem künstlerischen Rang schuf.
Zur Beschreibung von Schloß und Weinberg von Sanssouci verwendete Nicolai die Memoiren Diterichs, die ihm dieser neben vielen Zeichnungen und Auskünften zur Verfügung gestellt hatte.[11] Das bestätigen

6. Johann Friedrich Schleuen, Ansicht der Terrassen und des Schlosses Sanssouci, um 1756

gründliche archivalische Forschungen ebenso[12] wie die Tatsache, daß zu Beginn der Arbeiten am Weinberg durch Diterichs noch keine Skizzen oder Zeichnungen von Friedrich II. oder Knobelsdorff zum Schloß vorhanden waren, sondern erst nach dem 10. August 1744 entstanden sein können, nachdem der Befehl zur Anlegung des Weinberges ergangen war.[13]

Daß der terrassierte Weinberg neben den künstlerischen Aspekten auch einen Baumeister erforderte, der besondere ingenieurtechnische Fähigkeiten besaß, die geschwungenen Stützmauern zu entwerfen und zu dimensionieren, wurde bisher völlig außer acht gelassen. Friedrich II. beauftragte Ende Juli 1744 seinen Kabinettssekretär Lautensack, den mit der Beseitigung der Hochwasserschäden des Frühjahrs in der Nähe von Havelberg beschäftigten Diterichs mit einem Expreßboten herbeizurufen.[14] Diterichs begab sich unverzüglich nach Potsdam, um den Auftrag für den Weinbergsbau direkt vom König zu empfangen.

Als finanzielle Grundlage so kostspieliger Bauprogramme wie Weinberg und Schloß Sanssouci muß eine Erbschaft angesehen werden, in deren Nutzen Friedrich II. durch den Tod des Fürsten Karl Edzard von Ostfriesland aus dem Hause Cirksena gelangte, der am 25. Mai 1744 verstarb, ohne Nachkommen zu hinterlassen und dieses Gebiet nunmehr an Preußen fiel, da die Hohenzollern seit 1694 dort erbberechtigt waren. Somit flossen in die Staatskasse Friedrichs II. zusätzliche jährliche Zahlungen von 200000 Rtl.

In der Besprechung am 9. August 1744 befahl der König seinem Oberbaudirektor Diterichs die Anlegung eines Weinberges mit gemauerten Terrassen an dem dazu bestimmten Hügel zwischen Marly-Garten und Bornstedter Feld bei Potsdam. Am selben Tage sandte Diterichs die ersten Materialbestellungen an die Kurmärkische Kammer.[15]

In der für Diterichs bekannten Schnelligkeit entwarf er die Anlage mit ihren geschwungenen Terrassenmauern, legte deren Dimensionen fest, verschrieb die Materialien, schloß die Kontrakte und setzte den Kondukteur Hildebrandt zur Überwachung der Bauausführung ein.

Ganze vier Tage hielt sich Diterichs in Potsdam auf, vom 8. bis 11. August[16], so daß ihm nach der Besprechung beim König am 9. August tatsächlich nur drei Tage für die Planung verblieben, wobei Diterichs die vom Ingenieur Löscher angefertigten Vermessungspläne für das Baugelände verwendete. Bei Beginn der Bauarbeiten, die durch Tagelöhnerrechnungen auf den 13. August 1744 belegt sind, hatte Diterichs Potsdam bereits verlassen und ging erst wieder am 17. und 18. August dorthin zurück, wohl um die ersten Mauern anzulegen.[17]

Das hohe Arbeitstempo wird daraus ersichtlich, daß teilweise bis zu 275 Tagelöhner für die Erdarbeiten eingesetzt waren[18] und trotz Schwierigkeiten mit den Bauleuten und den Behinderungen durch den Ortskommissar Neubauer am 24. Dezember 1744 vier von den sechs Terrassen bis auf Restarbeiten fertiggestellt waren. Gleichzeitig arbeitete man an dem vorgelagerten Gartenparterre und an der Gruft auf dem östlichen Ende der oberen Terrasse, die der König als seine letzte Ruhestätte anlegen ließ. Von diesem Bauwerk ist in keinem der zahlreich erhaltenen Dokumente vom Terrassenbau die Rede, und weder in den Skizzen des Königs noch in den Gartenplänen ist sie vermerkt. Der Bau der Gruft muß aber nach dem letzten Stand der Forschung[19] noch im Jahre 1744 erfolgt sein. Das wird auch durch eine Bemerkung Nicolais erhärtet: »Dies Begräbnisgewölbe ward schon angeleget, ehe die Erde von der Terrassierung auf die oberste Anhöhe heraufgekarrt war. Es war also zum Teil über der Erde gebauet und nachher mit Erde bedeckt: dies weiß ich aus sichersten Quellen.«[20] Mit den »sichersten Quellen« sind die Mitteilungen Diterichs gemeint.

Von Anfang an lag also die Gruft unter der Erde und war nicht zu sehen. Selbst der Einstieg war mit Balken und dann mit Rasen überdeckt. Zwischen 1830 und 1840 wurde der Einsturz des Eingangs zur Gruft gemeldet, weil Balken und Bretter verfault waren.[21] Das wiederholte sich am 24. Januar 1860, dem Geburtstag Friedrichs des Großen. Zum ersten Mal wurde nun die Gruft betreten und beschrieben: »Sie ist etwa 12 Fuß lang, 6 Fuß breit und 8 Fuß hoch, oben durch ein Kreuzgewölbe überdeckt, worauf außerdem die marmorne Flora steht. Die Wände sind ganz glatt, ohne jegliche Verzierung, nur mit Kalk getüncht, dessen reinweiße Farbe sich durch Abgeschlossenheit der Luft vollständig erhalten hatte.«[22]

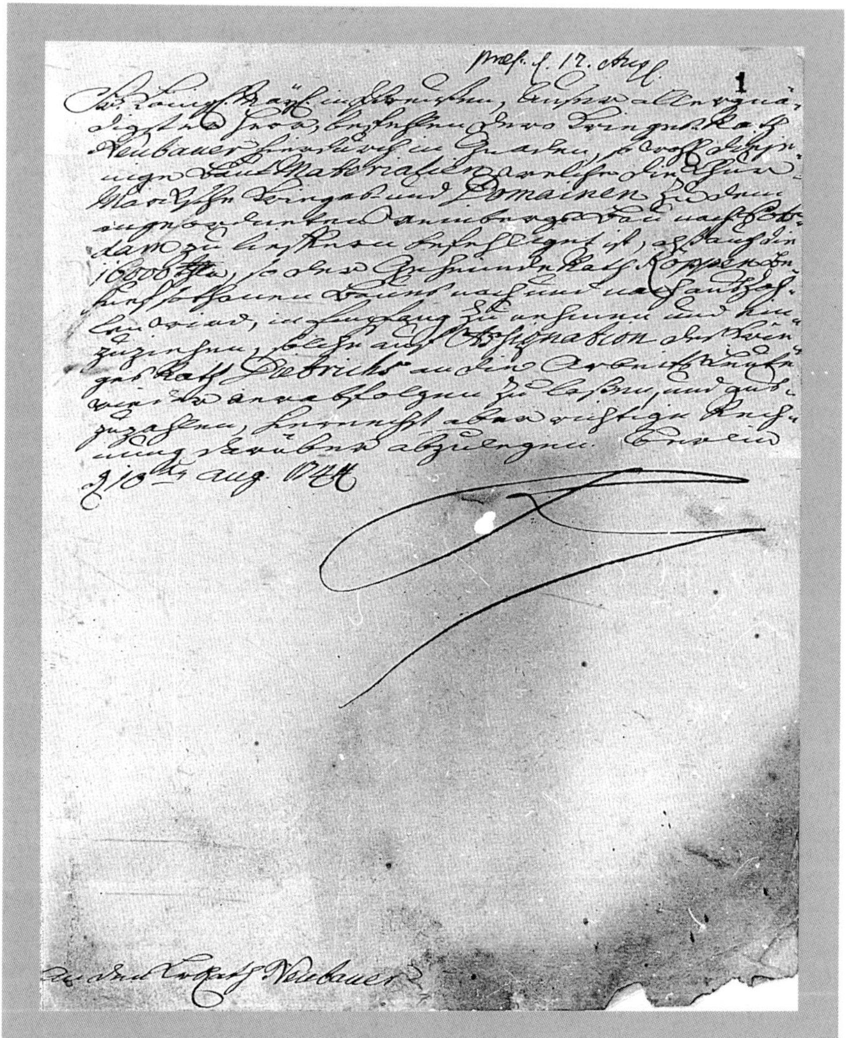

7. Kabinettsordre Friedrichs II. vom 10. August 1744 zum Baubeginn des Weinberges in Sanssouci

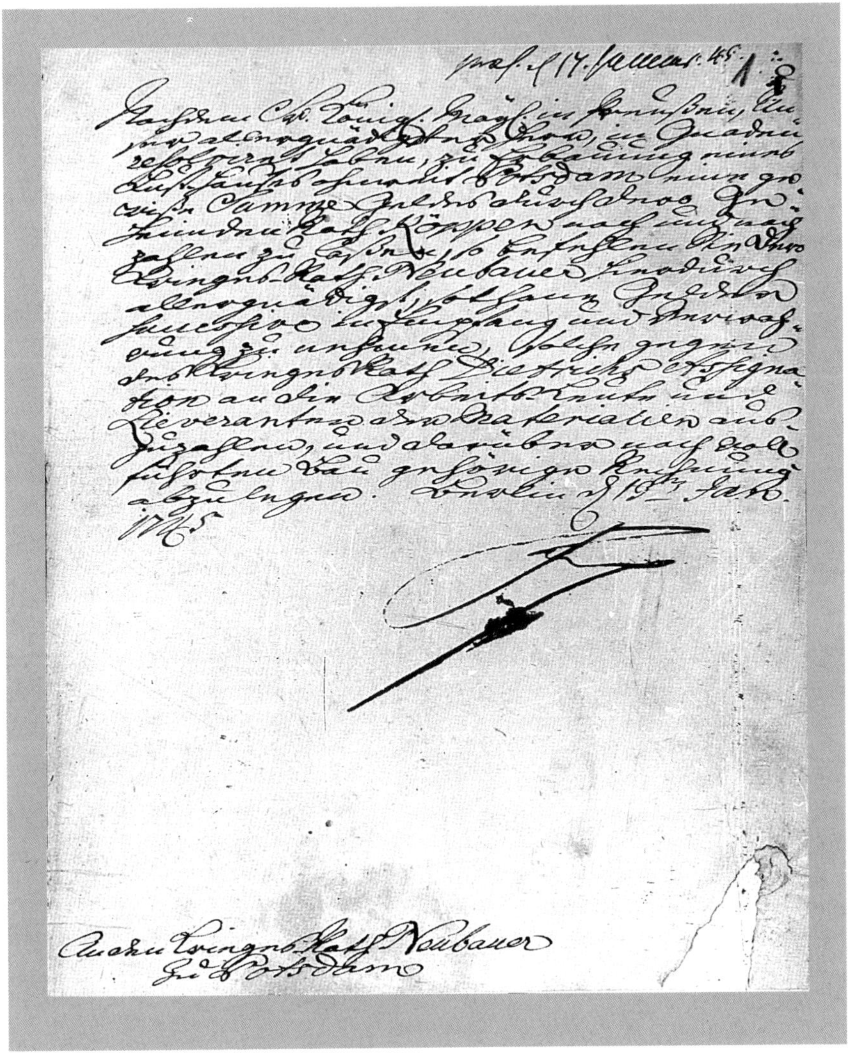

praes. d. 17. Januar. 45.

Nachdem Sr. Königl. Maj. in Preußen, Unser allergnädigster Herr, in Gnaden resolviret haben, zu Erbauung eines Lusthauses ohnweit Potsdam, eine gewisse Summe Geldes durch den Geheimen Rath Köppen nach und nach zahlen zu lassen, so befehlen Sie dero Geheimen Rath Neubauer hierdurch allergnädigst, sothane Gelder successive in Empfang und Verwahrung zu nehmen, solche gegen des Geheimen Rath Dieterichs Assignation an die Arbeitsleute und Lieveranten der Materialien auszuzahlen, und darüber nach vollführtem Bau gehörige Rechnung abzulegen. Berlin d. 13. Jan. 1745.

An den Geheimen Rath Neubauer zu Potsdam

8. Kabinettsordre Friedrichs II. vom 13. Januar 1745 zum Baubeginn des Schlosses Sanssouci

Endgültige Erkenntnisse über das Aussehen der Gruft brachte erst ihre Öffnung am 5. Dezember 1990. Über 12 Treppenstufen der etwa 1,30 Meter breiten Treppe gelangt man in den kleinen, mit einem Kreuzgratgewölbe überdeckten etwa 1,90 Meter hohen Gruftraum, dessen größte innere Abmessungen 3,29 × 2,12 Meter betragen.
Die teilweise freiliegenden gelben Klinkerziegel des rund 69 Zentimeter dicken Wandmauerwerks sind aus der Erbauungszeit vom Herbst 1744. So haben auch hier Solidität und gute Materialauswahl für die Diterichssche Konstruktion die Jahrhunderte überdauert. Lediglich an einem Gewölbeansatz sind rote Ziegel verwendet worden, wohl bei der Reparatur der Gruft nach einem Schaden am 24. Januar 1860.
Das Gewölbe der Gruft ist rund 36 Zentimeter dick, aus gelben Klinkern gemauert und mit einer etwa 16 Zentimeter dicken Mischmauerwerkschicht aus Kalksteinbruch und Ziegeln überdeckt. Auf dieser Schicht ruht das etwa 50 Zentimeter hohe, etwas aus dem Mittelpunkt des Gewölbes gerückte Fundament für die Marmorplastik Adams, »Flora mit Zephir«. Bei der Betrachtung des Gruftgewölbes bemerkt man eine gelungene Symbiose von ingenieurtechnischen Erfordernissen und künstlerischer Gestaltung, denn Diterichs ließ in allen vier Gruftecken die Außenmauern zur Erhöhung der Stabilität jeweils nach innen dreimal um einen halben Stein vorspringen und schuf mit den entstandenen Wandvorlagen die Gestaltung der inneren Wandflächen, wobei er an der Stirnseite einen Rundbogen ausführen ließ, während an den Längsseiten wegen der geringen Höhe ein gedrückter Korbbogen entstand. Die freibleibende Kante der mittleren Wandvorlage geht harmonisch in die Gewölbekante über. Den Treppengang überdeckt nach 1860 eine Kappe aus ebenfalls gelben Klinkern und Bohlen. Der Eingang der Gruft ist mit Sandstein eingefaßt und durch Erde und Rasen überdeckt.
Der den Gruftboden bedeckende Sand besteht wohl aus dem gleichen Material, mit dem man den während der Bauzeit freistehenden Gruftbau anschüttete und somit die obere Terrasse auf ihre jetzige Höhe brachte. Die besonders gute Wasserdurchlässigkeit des Verfüllbodens ist neben der soliden Bauweise auch eine der Ursachen für den guten Erhaltungszustand des Gruftbauwerkes nach so langer Zeit.

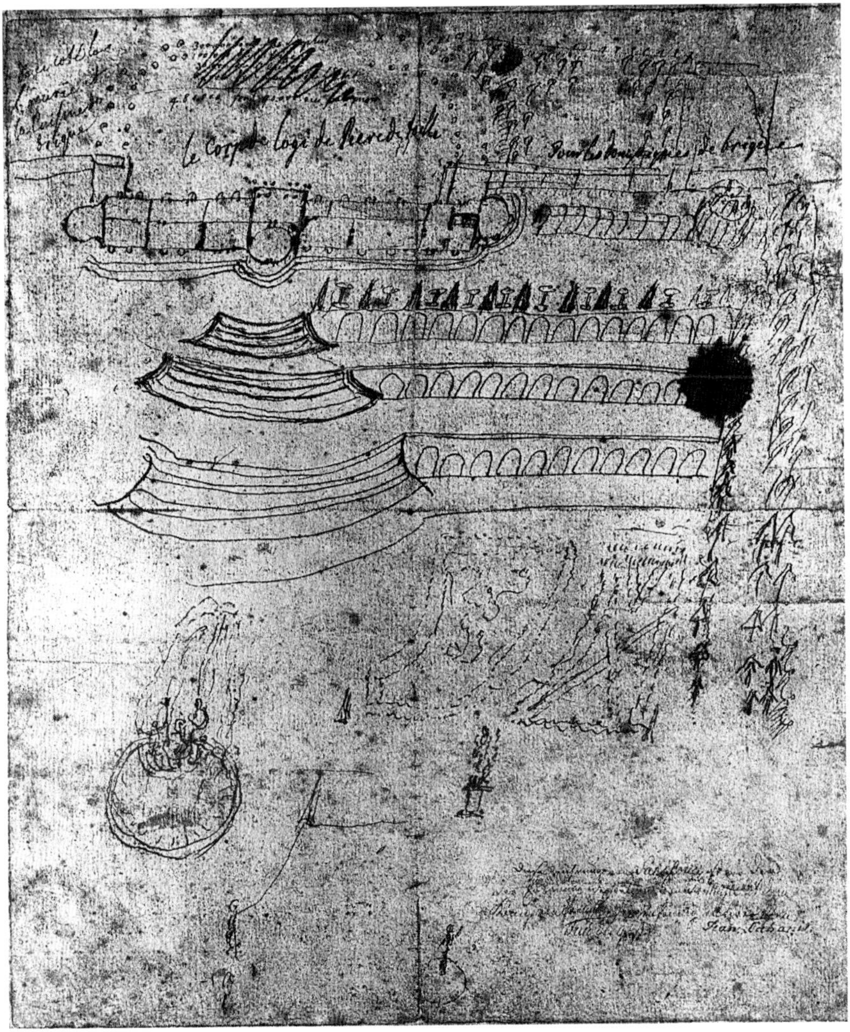

9. Skizze Friedrichs II. zu den Terrassen und dem Schloß Sanssouci, vermutlich 2. Hälfte 1744

Vergleicht man die Gruft Friedrichs II. mit der 1737 für Friedrich Wilhelm I. in der Potsdamer Garnisonkirche eingerichteten Grabstätte, so stellt man eine frappierende Ähnlichkeit fest: Der nur zweieinhalb Meter hohe Raum maß drei Meter im Quadrat und wurde von einem weiß gestrichenen Kreuzgewölbe überdeckt. Die Wände waren auch durch leicht vorspringende Vorlagen gegliedert.[23] Da die Gruft in Sanssouci nur für einen Sarg gedacht war, ist diese etwas schmaler. Hatte Friedrich II. dem Baumeister die Grabkammer seines Vaters in der Garnisonkirche als Vorbild benannt? Angesichts der offenkundigen Übereinstimmung möchte man es fast glauben. Das wirft ein neues Licht auf das Verhältnis zwischen Vater und Sohn, der im Tode die Aussöhnung suchte. Daß Friedrich der Große dann zwar entgegen seiner Festlegung nicht in Sanssouci, aber doch in einem ähnlich einfachen Raum beigesetzt wurde, konnte sein Nachfolger nicht ahnen.

10. Plan des Parkes Sanssouci, um 1750

Bereits kurz nach seinem Kabinettsbefehl für den Baubeginn zog Friedrich II. am 15. August 1744 in den Zweiten Schlesischen Krieg und kehrte erst am 17. Dezember 1744 nach Potsdam zurück.[24] Die Kriegsvorbereitungen liefen seit dem 1. Juli 1744. Hatte der König deshalb so zur Eile bei dem Gruftbau getrieben? Wieder war die Gefahr des Todes gegeben, und er wollte offensichtlich alle Vorkehrungen dafür treffen.
Auch aus seinem Hauptquartier in Schlesien griff Friedrich II. in das Baugeschehen ein. Als trotz angeordneter Eile die Maurerarbeiten zu schleppend vorangingen, waren am 20. September 1744 nach direktem Befehl Friedrichs II. aus seinem zeitweiligen Feldquartier Kundratizi in Schlesien »mehrere Maurers nach gedachtem Potsdam zu schaffen«.[25]
Die überlieferten Bauakten lassen erkennen, wie sehr sich Diterichs einsetzte, den königlichen Befehl zur Forcierung der Arbeiten am Weinberg prompt zu erfüllen. Welche Schwierigkeiten er mit den Potsdamer Maurern hatte, zeigt sich daran, daß diese die geschwungenen und nach oben verjüngten Terrassenmauern nicht ausführen konnten, dabei jedoch viermal so hohen Lohn forderten wie die Berliner Maurer, die Diterichs unter Kontrakt hatte.
Doch auch die Berliner Maurer waren von den niedrigen Arbeitslöhnen am königlichen Weinbergsbau nicht begeistert, denn von den 25 Maurergesellen, die auf Anforderung Diterichs von Berlin nach Potsdam geschickt wurden, kamen nur elf dort an, die anderen flüchteten[26]. Forderte Diterichs Arbeitskräfte aus Berlin für den königlichen Weinbergsbau in Potsdam, so fehlten diese beim königlichen Opernhausbau in Berlin. Bei der nun erfolgten Werbung von Maurergesellen für die Potsdamer Bauarbeiten in der Priegnitz und dem Westhavelland berichtete der damit beauftragte Kriegsrat Sobbe, »daß er nur drei in Güte aufbringen und (nach Potsdam) fortschicken konnte«. Als Grund nannte Sobbe in seinem Bericht, »daß der Mangel an Maurergesellen insonderheit daher entstanden, weil viele derselben zugleich Soldaten sind und mit in die Campagne (Zweiter Schlesischer Krieg) gehen müssen oder beym Canalbau bey Eberswalde (Finow-Kanal) sind«.[27]
Diterichs beschäftigte nun hauptsächlich Berliner Maurermeister und -gesellen, die er von seinen Bauten wegen der guten Fachkenntnisse und der sauberen Arbeit schätzte. Daraus entstanden starke Reibereien zwi-

schen Diterichs und dem Kriegsrat und Ortskommissar Neubauer, der für die Auszahlung der Gelder der königlichen Bauten in Potsdam verantwortlich war und sich bei der Kurmärkischen Kammer über Diterichs beschwerte, weil dieser angeblich Potsdamer Arbeitern und Handwerkern die Arbeit nahm und sie Berliner Arbeitern zuwies.[28]

Neubauer erging sich in groben Ausfällen gegen Diterichs und drohte sogar, den Berliner Maurern das Werkzeug konfiszieren zu lassen, um dann die Arbeit Potsdamer Maurermeistern übertragen zu können. In einer Rechtfertigungsschrift entkräftete Diterichs diese Vorwürfe, verlangte eine Bestrafung Neubauers mit einer Geldbuße von 50 Rtl. und schrieb abschließend: »Ein Baumeister würde übel daran seyn, wenn er sich solchergestalt müßte Gesetze von den Handwerksleuten vorschreiben lassen, ihnen accordieren, was sie verlangten, und risquieren, wie die Arbeit geraten würde.«[29] Die Kammer stand auf der Seite Diterichs, erteilte Neubauer einen scharfen Verweis, verwarf jedoch die angedrohte Geldbuße und bestimmte, daß er sich jeglicher Einmischung in die Bauangelegenheiten zu enthalten habe.[30] Sicher trug Neubauer von

11. Andreas Ludwig Krüger, Gartenseite des Schlosses Sanssouci, 1780

nun an durch versteckte Intrigen dazu bei, daß Diterichs die Direktion der königlichen Bauten in Potsdam nicht zu Ende führen konnte.
Die Frage, ob Friedrich II. den ersten Gedanken zu den geschwungenen Terrassenmauern des Weinberges hatte oder Diterichs, der bekanntlich viele Anregungen den Werken der Architekturtheoretiker entnahm, muß unentschieden bleiben. Denn Sturm hatte sich in seinen »Anweisungen« zum Bau von Orangerien geäußert, die im Zusammenhang mit Terrassen stehen sollten: »Denn auswärts soll ein Platz vor dem Gebäude seyn darin die Wärme so viel möglich zusammen gesammlet, hingegen allen kalten Winden der Zugang verwehret.... Zu diesem Ende ist nun zweiffels ohne die eingebogene vornehmlich die halbe Kreis-Figur die allerbeste... wenn an einem gerade auslauffenden Gewächshaus beyderseits hohe, oder auch doppelt übereinander liegende Terrassen oder Wälle anliegen, welche mit Mauern eingefasset sind, und sich nach Vierthels-Kreisen oder ovalen einwärts liegen...«[31]
Unbestritten gehört die praktische Ausführung des Baugedankens der künstlerisch und ingenieurtechnisch beeindruckenden Anlage zu den Verdiensten Diterichs. Die Nutzung des Weinberges als Obstgarten wurde 1745 durch den Schloßbau künstlerisch ergänzt. So konnte sich der Entwurfsgedanke für das Schloß in seinem Äußeren überhaupt erst nach dem Bau der Terrassen in konkreter Form gestalten lassen.
Jedenfalls sind nach der Kabinettsordre vom 13. Januar 1745 für den Bau des Schlosses, mit dem Diterichs ebenfalls beauftragt wurde, bei der Ausarbeitung der Ausführungszeichnungen auch die Erfahrungen Diterichs eingeflossen, der die Lücke zwischen Idee und Ausführung mit seiner Individualität schließen mußte.
Aber Diterichs blieb trotz seines Könnens in künstlerischen und baupraktischen Belangen – wie spätere Baumeister auch – nicht von der Despotie des Königs verschont. Die Ursachen bestanden darin, daß Friedrich II. nach seinen militärischen und diplomatischen Erfolgen im Schlesischen Krieg auch in Bauangelegenheiten zunehmend zur Alleinherrschaft überging. Diterichs hatte die Bauleitung ohne einen direkten Vorgesetzten außer dem König inne. Ab 3. April 1745 begann man mit der Fundamentierung des Lustschlosses[32], wozu am 14. April ohne besondere Feierlichkeiten der Grundstein gelegt wurde.[33]

12. Treppe zur Gruft Friedrichs des Großen in Sanssouci

13. Gruft Friedrichs des Großen in Sanssouci

Am 4. März 1745 befand sich Friedrich II. zum letzten Mal vor der Wiederaufnahme des Feldzuges nach dem Winter in Potsdam. Unzufriedenheiten mit dem Baumeister wurde nicht bekannt; der König war mit Diterichs schnellen und billigen Kostenanschlägen einverstanden. Die persönlichen Besprechungen, bei denen Friedrich II. Diterichs technische Fragen stellte, werden als etwas Besonderes hervorgehoben, so daß der plötzliche Unwillen des Königs nicht erklärbar zu sein scheint.
Heinrich Ludwig Manger (1728–1790) berichtet über die folgenden Ereignisse. »Allein entweder Diterichs hatte den damaligen Kammerlieblingen nicht genug hofiret, oder er mußte sich auf eine andere Art Feinde gemacht haben, die nicht unterließen, ihm einen schlimmen Streich zu spielen. Denn vierzehn Tage nach angefangener Arbeit erhielt Neubauer einen Befehl (des königlichen Kammerdieners) Fredersdorff aus Neiße vom 21. April mit der Nachricht, ›daß der vorige königliche Befehl ungültig seyn, und die Gelder zum Weinbergs-Lusthause nicht durch Diterichs, sondern durch Boumann zur Zahlung sollten assignieret werden‹. Kurz darauf, nämlich am 2ten May, lief auch

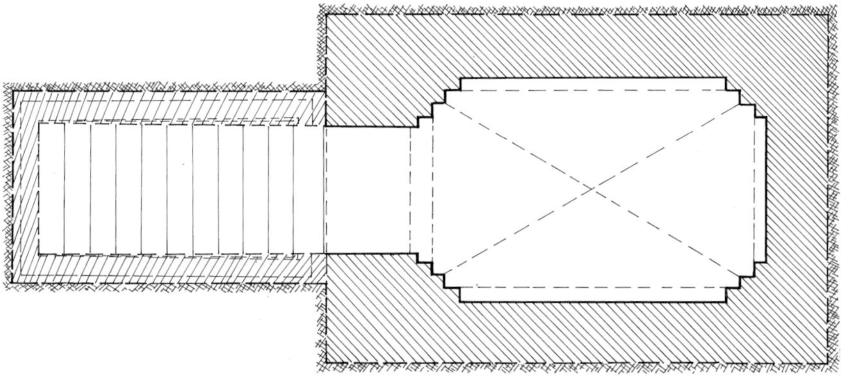

14. Gruft Friedrichs des Großen in Sanssouci, Grundriß

ein vom König selbst unterzeichneter Kabinetsbefehl aus Neiße vom 25ten April ein, in welchem es heißt: ›Der Kriegsrat Diterichs soll gar nichts mit meinen Bauen in Potsdam zu thun haben, sondern alle Baue wozu der Geheimrath Köppen Geld zahlen wird, sollen lediglich durch den Kastellan Boumann geführt werden. Auf solche Weise ward Diterichs von Potsdam relegiert und alle vorhererwähnten Baue des gegenwärtigen Jahres kamen unter die Direktion Boumann.‹ «[34] Am 24. Juni 1744[35] mußte Diterichs die Direktion über den Bau einer neuen Orangerie an der Westseite des Lustgartens in Potsdam übernehmen.[36] Mit Ordre vom 2. August 1744 betraute ihn der König mit der Abputzung des Potsdamer Stadtschlosses.[37]
Gegen Ende des Jahres 1744, schon während der Arbeiten an den Terrassen des Weinberges[38], wurden Diterichs mit der Errichtung zweier Kolonnaden[39], der Ringer- und der Havelkolonnade, und der massiven Uferbefestigung an der Havel aus Sandsteinen weitere Bauten übertragen.[40] Mit der Plötzlichkeit der königlichen Befehle und den Forderungen nach jeweils sofortigem Baubeginn, mußte die bisher ausgeübte

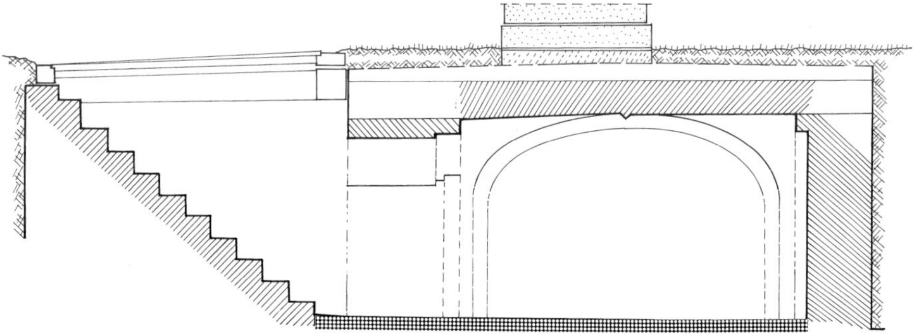

15. Gruft Friedrichs des Großen in Sanssouci, Schnitt

Praxis der soliden Bauverfahren mit gründlicher Vorbereitung verloren gehen. Von der vielgerühmten Sparsamkeit in Preußen unter Friedrich Wilhelm I. war bei den königlichen Bauten nichts mehr zu spüren.
Da das in Potsdam liegende Militär, vielfach nach eigenem Gutdünken, selbständig Bauarbeiten an den Kasernen und Lazaretten vornehmen ließ, auch Materialien bestellte, ist in dieser Zeit im Potsdamer Baugeschehen ein solches Durcheinander, daß man Diterichs immer wieder aufs neue dorthin beorderte, um nach dem Verbleib von Material und Geld zu sehen. Als zum Kasernenbau gedachtes Material jedoch zum Bau von Scheunen und Kämmereigebäuden des Prinzen August Wilhelm im wenige Meilen entfernten Dorf Falkenrehde verwendet wurde, schrieb Diterichs am 24. November 1744, »dass die Kontrolle der Arbeiten dem Wachtmeister-Leutnant Butzloff aufgetragen werden könne,

16. Adolph Menzel, Östliches Halbrondell auf der obersten Schloßterrasse von Sanssouci, um 1840

der auch ein Tractament (Gehalt) bekommen solle, damit er sich ein Pferd dafür halten könne. Am besten aber würde es sein, wenn ein beständiger Baumeister in Potsdam bestellt würde, der dortige Baue besorge wie vormahls geschehen«[41].

Dieser Vorschlag Diterichs ist sicherlich dem König überbracht worden, so daß die spätere Ablösung sozusagen auf eigenen Wunsch Diterichs erfolgte. Jedoch waren vorher die Arbeiten an den Terrassen und den Grundmauern von Sanssouci durch Diterichs soweit voranzutreiben, bis dessen ingenieurtechnischen Fachkenntnisse nicht mehr benötigt wurden.

Vielleicht hatte Diterichs auch seine Meinung über die ständigen sich widersprechenden Eingriffe des Königs am Sanssouci-Bau bei der Anlegung der Grundmauern, den Änderungen von Fundamenten und

17. Blick vom östlichen Halbrondell auf der obersten Terrasse über die Hundegräber zum Schloß Sanssouci

Stützmauern sowie bei den erforderlich werdenden Anschüttungen an der Nordseite des Schloßplateaus und für die Erhöhung der oberen Terrasse zu erkennen gegeben und diese allzu offen kundgetan. Bei allem Einsatz, den Diterichs als Baubeamter an den Potsdamer Bauten zeigte, war er als Architekt nur mit halbem Herzen dabei. Es galt ja meistens nicht, seine eigenen Entwürfe zu realisieren. Seine künstlerischen Anteile an den Bauten sind schwer zu bestimmen. Sein Eifer beschränkte sich auf das Notwendige. Wenn man die Diätenrechnung Diterichs für 1744 betrachtet, kann man feststellen, daß er sich nur 22 Tage in Potsdam aufhielt, dafür 22 Rtl. als Diäten forderte und erhielt.[42]

Er überließ also die bauleitende Arbeit üblicherweise seinen Kondukteuren.

Zum Zeitpunkt der Ablösung Diterichs stand Friedrich II. durch die angespannte militärische Situation April/Mai 1745 unter einem enormen psychischen Druck. Der preußische König erwartete die Offensive der österreichischen Truppen, und seine Gedanken bewegten sich zwischen Sieg und Untergang.[43] An seinen Minister von Podewils schrieb Friedrich II. aus Schlesien am 27. April 1745: »Wenn aber alle meine Hilfsquellen, alle meine Unterhandlungen versagen, kurz alles sich gegen mich erklärt, will ich lieber mit Ehren untergehen, als für mein ganzes Leben Ruhm und guten Namen verlieren.«[44] So könnte das Zusammentreffen vieler Dinge die Reaktion Friedrichs II. psychologisch erklärbar machen, indem er auf andere Gebiete auswich und mit seinen Entscheidungen die Schicksale von Menschen bestimmte, die sich im Moment nicht gegen ihn wehren konnten. Mit der Absetzung Diterichs von den Potsdamer Bauten in dieser schwierigen Situation entledigte sich der König der kühlen Reserviertheit seines Oberbaudirektors und ersetzte ihn durch einen bedingungslos gehorchenden Baumeister.

Nach der Ablösung Diterichs ging der Bau der Terrassen und des Schlosses unter der Leitung Boumanns weiter. Vor dem Schloß wurde als oberste Terrasse eine weite Fläche angelegt und 1746 und 1747 an den östlichen und westlichen Terrassenenden Lärchen gepflanzt. 1746 hatte man Zypressen bestellt, die wohl für den Bereich der Gruft bestimmt waren.[45] Der Vorleser des Königs, Henri de Catt, notierte unter dem 10. Juni 1758: »Um fünf Uhr fand ich den König damit beschäftigt, das

Schloß Sanssouci, die Gärten, den Säulengang, das chinesische Schlößchen auf Papier zu zeichnen, wovon er mir schon einmal eine Skizze entworfen hatte. ›Sehen Sie mal, welch hübsche Arbeit ich hier vorhabe!‹ Da ich am Ende der Terrasse bei einem kleinen Gehölz eine Art Mausoleum bemerkte, so fragte ich ihn, ob es sich um ein antikes Bauwerk handle. ›Nein, mein Lieber, es ist ein Gewölbe. Ich werde es mit Zypressen umpflanzen lassen und dort wird dann meine letzte Ruhestätte sein. Meinen Sie nicht auch, daß ich dort wohl aufgehoben sein werde?‹ ›Eure Majestät sprechen da einen betrüblichen Gedanken aus.‹ ›Aber wieso denn? Müssen wir nicht eines Tages sterben und sollen wir uns nicht mit diesem Ende beschäftigen? Ja, sollen wir nicht mit aller Ruhe daran denken, und sollte ich es nicht mehr tun als jeder andere?‹«[46] Der König benannte eindeutig den Ort, an dem er bestattet sein wollte, er sprach aber auch mit philosophischer Gelassenheit über den Tod, der ihn im Krieg, in dem er sich befand, jederzeit ereilen konnte. Die Gartenanlage mit der Gruft und die auf der anderen, westlichen Terrassenseite hatten zu dieser Zeit bereits ihre endgültige Gestalt erhalten. Aus dem Jahre 1748 datiert die Bestellung der Postamente für die Aufstellung von jeweils sechs marmornen Porträtbüsten römischer Kaiser, die Friedrich II. 1742 mit der Sammlung Polignac erworben hatte. Es sind römische Kopien des 18. Jahrhunderts nach antiken Vorbildern. An der Gruft stehen im Halbzirkel (v. l. n. r.) Caesar, Augustus, Tiberius, Caligula, Claudius und Nero. Ihnen entsprechen auf der Westseite Galba, Otho, Vitellius, Vespasian, Titus und Domitian.[47] Über der Gruft wurde 1749 die Statue der »Flora mit Zephir« und als Pendant 1750 auf der anderen Seite »Kleopatra mit trauerndem Amor« aufgestellt. Beide Marmorfiguren schuf der französische Bildhauer François Gaspard Adam (1710–1761), der 1746 vermutlich durch Vermittlung des Marquis d'Argens nach Berlin gekommen war und das dort neu gegründete Französische Bildhauer-Atelier leitete. Beide Arbeiten auf der obersten Terrasse wurden schon im 18. Jahrhundert sehr gelobt.[48] Flora, die Göttin der Blumen vom Windgott umkränzt, Sinnbild des Gartens überhaupt, über dem Grab stehend, ist das Symbol des Lebens, das auf der Stätte des Todes steht. Genausowenig wie die Gruft zu sehen ist, wissen wir, wann der Tod kommt. Die Tatsache ihrer beider ständigen Gegen-

wart wird verdrängt. Der König konnte von seinen Wohnräumen, namentlich von der Bibliothek, diesen Platz immer sehen – et in Arcadia ego.
Das Motiv der Flora mit Zephir kehrt im Deckengemälde Pesne's im Audienzzimmer des Schlosses Sanssouci wieder, und Flora streut im Vestibül des Schlosses Blumen auf die eintretenden Gäste herab.
Im Zuge der Ausgestaltung der obersten Terrasse nach 1840 durch Friedrich Wilhelm IV. mit Rosenbeeten, Skulpturen, Vasen und Fontänen machte Persius auch 1842 einen Entwurf für die Aufstellung der Kaiserbüsten auf einer Exedra. Die Ausführung erfolgte 1845.[49] Die Zeichnung Menzels zeigt die Büsten noch in ihrer alten Aufstellung.
Schon zu Lebzeiten Friedrichs wurde das Gelände unmittelbar um die Flora zum Begräbnisplatz für die Hunde des Königs. Jeder bekam eine Sandsteinplatte mit dem Namen, die heute kaum noch zu lesen sind. Oesterreich verzeichnete 1775 sechs Hundenamen: »Biche, starb im Jahre 1752 in dem Concert-Saal zu Sanssouci. Der berühmte Antoine Pesne hat Biche im Schoß der Diana gemalt. Alcmene starb im Jahr 1763. Thysbe, Phillis, Diane. Thysbe starb im Jahr 1770.«[50] Bis zum Tod des Königs sind elf Hunde begraben worden: In der ersten Reihe: Alcmene, Thisbe, Diana, Phillis, Thisbe, Alcmene, B (G?) igos, in der zweiten Reihe: Diana, Pax, Superbe Hasenf (Hasenfuß?), Amouretto.[51] Nach Manger[52] ist das letzte Lieblingswindspiel sogar in der Gruft beerdigt worden; Knochen wurden jedenfalls 1860 gefunden.[53] Hinter der Statue der Kleopatra liegen die Gräber von Alcmene und Ai(r?)sinoe.
Friedrich hatte zu seinen Windspielen ein sehr inniges Verhältnis. Sie waren für ihn wie Freunde, und ihr Tod war für ihn immer wieder schmerzvoll.[54] Es ist deshalb auch nur verständlich, daß er die Hunde unmittelbar neben der Gruft, in einem Fall sogar in ihr, bestatten ließ.

Die Testamente

Beim Tod des Königs 1786 kamen sofort Zweifel auf, ob Friedrich der Große wirklich in der Gruft in Sanssouci bestattet sein wollte. Der Feldprobst Kletschke schrieb 1786: »Man kann es nicht mit völliger Gewißheit bestimmen, ob es des hochseligen Königs wahrer Ernst mag gewesen sein, in Sanssouci begraben zu werden. Man hat immer davon gesprochen und sogar schon den Platz gewiesen, wo er habe liegen wollen. Sehr viele Umstände machen die Sache zweifelhaft. Es kann sein, daß er diesen Wunsch einmal geäußert hat, wenn z. B. gerade seine Seele mit den angenehmen Empfindungen angefüllt war, die ihm die schöne Lage von Sanssouci machte, denn man hat von der Südost-Seite dieses Schlosses den schönsten Prospekt, der sich nur denken läßt. Aber es war dies denn doch nur blos ein vorübergehender Wunsch, an dessen genaue Erfüllung man eben nicht denkt, wenn man glaubt, dem Tode schon nahe zu sein; und am allerwenigsten hat Friedrich der Große sich die Zeit genommen, an den Ort zu denken, wo er einmal verwesen wollte.«[55]

Spätestens die Testamentseröffnung am Tag der Beisetzung in der Garnisonkirche, dem 18. August 1786, durch den Staatsminister von Hertzberg in Anwesenheit des neuen Königs Friedrich Wilhelm II., der Prinzen Heinrich und Ferdinand, Brüder Friedrichs II., und des Staatsministers Graf Finck von Finckenstein im Berliner Schloß gab darüber Gewißheit.

Friedrich der Große hatte den Herzog Karl von Braunschweig zum Testamentsvollstrecker bestimmt. Von dort brachte es der zuständige Minister, der spätere preußische Staatskanzler Karl August von Hardenberg, nach Berlin. Veröffentlicht wurde das Testament zum ersten Mal 1791 in der französischen Urfassung, 1792 dann in französischer und deutscher Sprache.

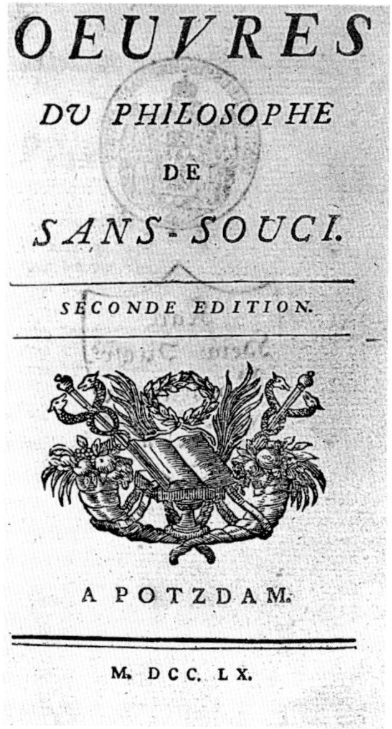
OEUVRES

DU PHILOSOPHE

DE

SANS-SOUCI.

SECONDE EDITION.

A POTZDAM.

M. DCC. LX.

18. Titelblatt der zweiten Ausgabe der Werke des Philosophen von Sanssouci, 1760

Nach der Anordnung aus dem Jahre 1741 über seine Bestattung in Rheinsberg legte Friedrich der Große in dem persönlichen Testament vom 11. Januar 1752 erstmals die Modalitäten bei seinem eventuellen Tod und die Bestattung in Sanssouci fest.[56] Es gab eigentlich keinen unmittelbaren Anlaß für dieses Testament wie etwa lebensbedrohliche Situationen, Kriegszeiten oder Krankheit, jedoch ist es nicht ausgeschlossen, daß ihn der frühe Tod des Grafen Friedrich Rudolf von Rothenburg (1710–1751), der ihm sehr nahestand, am 29. Dezember 1751 sehr getroffen hatte und vor seinem vierzigsten Geburtstag Bilanz ziehen ließ. Wenige Monate später verfaßte er im April 1752 das erste große politische Testament.

In dem persönlichen Testament heißt es:
»1. Unser Leben fließt rasch dahin. In schnellem Lauf reißt es uns von der Geburt bis zum Tode. Wenn ich es mir zur Regel gesetzt habe, mit größtem Eifer an der Ordnung des Staates zu arbeiten, den zu regieren ich die Ehre hatte, wenn ich nach bester Einsicht und nach bestem Wissen mein Leben lang alles getan habe, was in meiner Macht stand, um ihn zur Blüte zu bringen, so hätte ich mir ewige Vorwürfe zu machen, unterließe ich es, mein Testament niederzuschreiben, und gäbe dadurch zu allen möglichen Streitigkeiten und häuslichen Zerwürfnissen Anlaß, die nach meinem Tode ausbrechen könnten. Diese Gründe haben mich bewogen, meinen letzten Willen in dieser feierlichen Urkunde zu erklären.
2. Gern gebe ich meinen Lebensodem der wohltätigen Natur zurück, die ihn mir gütig verliehen hat, und meinen Leib den Elementen, aus denen er besteht. Ich habe als Philosoph gelebt und will als solcher begraben werden, ohne Pomp, ohne Prunk und ohne die geringsten Zeremonien. Ich will weder geöffnet und einbalsamiert werden. Sterbe ich in Berlin oder Potsdam, so will ich der eitlen Neugier des Volkes nicht zur Schau gestellt und am dritten Tage um Mitternacht beigesetzt werden. Man bringe mich beim Schein einer Laterne, und ohne daß mir jemand folgt, nach Sanssouci und bestatte mich dort ganz schlicht auf der Höhe der Terrasse, rechterhand, wenn man hinaufsteigt, in einer Gruft, die ich mir habe herrichten lassen. Sterbe ich auf der Reise, so will ich, daß mein Körper an Ort und Stelle beigesetzt und bei Eintritt des ersten Frostes ohne jedwede Zeremonie nach Sanssouci geschafft werde. Dies darf meine Erben nicht überraschen: Prinz Heinrich oder Moritz von Oranien ist in gleicher Weise in einem Wäldchen bei Kleve bestattet worden, und so ist es mein Wille.«
Es folgen dann noch weitere 21 Punkte, in denen der König finanzielle und Familienangelegenheiten regelt.
Es ist nicht der Staatsmann oder Feldherr, der in Sanssouci beigesetzt werden will, sondern der Philosoph, der »Philosoph von Sanssouci«.
So bezeichnet sich Friedrich zum ersten Mal in einem Schreiben an seinen Bruder August Wilhelm vom 24. Juli 1747, wenige Wochen nach der Fertigstellung des Schlosses Sanssouci.[57] Auch die seit 1750 in mehreren

Ausgaben erschienenen Werke des Königs mit Briefen und Gedichten an Freunde und einzelne vor der Berliner Akademie verlesene Aufsätze haben den »Philosophen von Sanssouci« als Autor. Klar ist die Zeremonie, die keine sein soll, festgelegt und der Ort, die Gruft in Sanssouci, bezeichnet. Da er mit der Verwunderung der Erben über diese, in der Hohenzollerngeschichte noch nicht vorgekommene Art der Bestattung rechnet, verweist er auf das Beispiel des Stadthalters des Großen Kurfürsten in Kleve, Johann Moritz von Nassau-Siegen (1604–1679) – bei Friedrich irrtümlich Prinz Heinrich oder Moritz von Oranien genannt –, der sich in der von ihm angelegten Parkanlage Bergendael ein Grabmonument errichten ließ. Im Scheitel der aus zwei, mit Antiken besetzten Viertelbogen gebildeten Exedra steht die bereits 1663 gegossene eiserne Tumba. In dem Gewölbe darunter war Johann Moritz

19. Arnoud von Halen, Grabmal des Fürsten Johann Moritz von Nassau-Siegen in Bergendael bei Kleve, um 1720–25

allerdings nur ein halbes Jahr beigesetzt und wurde dann in die Kirche nach Siegen überführt.[58] Es ergibt sich hier nicht nur eine Übereinstimmung in dem Grundgedanken, nämlich das Eingehen in die eigene Schöpfung, auch das Motiv der im Halbkreis angeordneten Antiken – in Kleve sind es Votivaltäre, Grabsteine und Ascheurnen, in Sanssouci Büsten antiker Herrscher – zeigt die Wesensverwandtschaft. Hier wie dort ist es die arkadische Landschaft und ihre Bedrohung durch den Tod.

Es ist sehr wahrscheinlich, daß Friedrich II. schon 1740 bei seiner ersten Begegnung mit Voltaire auf Schloß Moyland bei Kleve die Gartenanlage gesehen hat.[59] Nachweisbar ging der König am 14. Juni 1762 eine halbe Stunde zu Fuß von Kleve nach Bergendael, um das Grabmal des Johann Moritz zu sehen.[60]

20. Östliches Halbrondell auf der obersten Schloßterrasse in Sanssouci

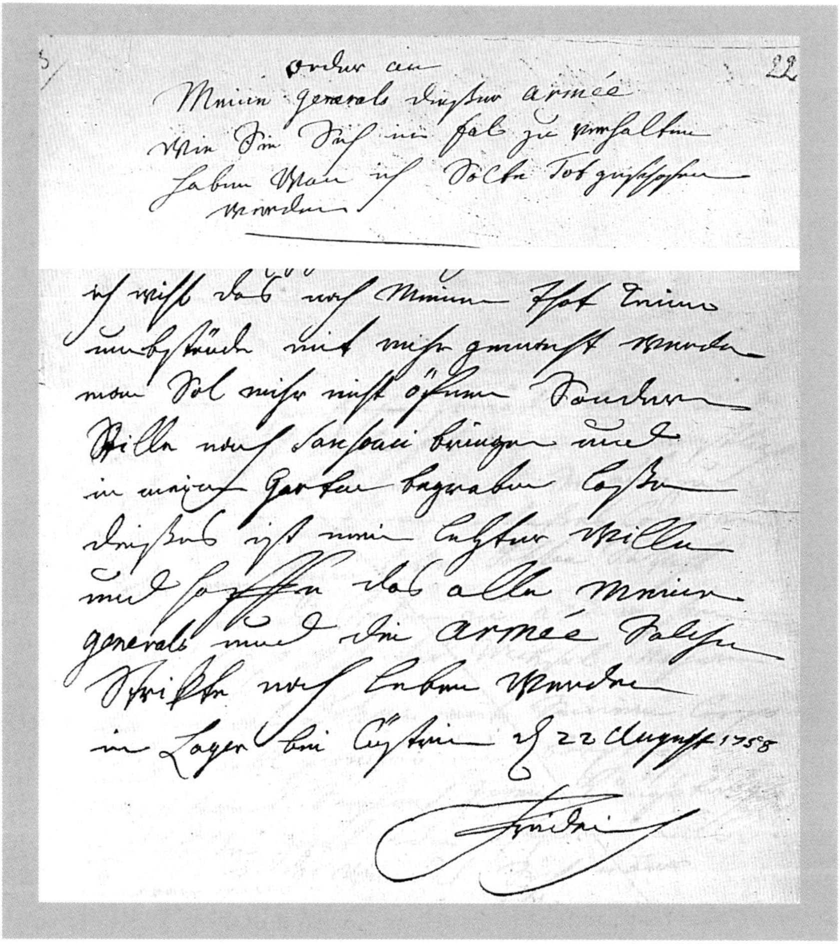

Order an
Meinen generals dieser armée
wie Sie Sich im fal zu verhalten
haben wan ich solte Tot geschossen
werden.

ich wille das nach Meinem Tod keine
umbstände mit mir gemacht werden
man sol mich nicht öfnen sondern
Stille nach Sansouci bringen und
in meinem Garten begraben lassen
dieses ist mein Lezter Wille
und hoffe das alle Meine
generals und die armée solche
Schriften noch leben werden
im Lager bei Cüstrin d 22 August 1758

Friderich

21. Eigenhändige Ordre Friedrichs des Großen an seine Generale vom 22. August 1758 vor der Schlacht von Zorndorf (Ausschnitt)

22. Anton Friedrich König, Friedrich der Große am Schreibtisch, 1769

Nach dem Testament von 1752 gibt es in einer weiteren Verfügung des Königs einen Hinweis auf die Gruft in Sanssouci: In dem kurzen Testament Friedrichs des Großen vor der Schlacht bei Leuthen vom 21. November 1757 – »Disposition, was geschehen soll, wenn ich getötet werde« – heißt es: »Ich habe meinen Generalen Befehl für alles gegeben, was nach der Schlacht im Felde des glücklichen oder unglücklichen Ausganges geschehen soll. Im übrigen will ich, was meine Person betrifft, in Sanssouci beigesetzt werden, ohne Prunk, ohne Pomp und bei Nacht. Man soll meinen Körper nicht öffnen, sondern mich ohne Umstände dorthin bringen und mich bei Nacht beerdigen.«[61]

Die Schlacht bei Leuthen konnte von den Preußen gewonnen werden. Kaum ein Jahr später, am 22. August 1758, gab Friedrich der Große vor der Schlacht bei Zorndorf im Lager von Küstrin wiederum Ordre an die Generale, »wie sie sich im Falle zu verhalten haben, wann ich sollte todt geschossen werden«. »Ich will, daß nach meinem Tod keine Umstände mit mir gemacht werden. Man soll mich nicht öffnen, sondern stille nach Sanssouci bringen und in meinem Garten begraben lassen.«[62] Auch diesmal ging es gut aus, auch wenn es kein glänzender Sieg war. In der Chronologie der Verweise des Königs auf die Bestattung in Sanssouci sollte an dieser Stelle noch einmal auf das Gespräch mit seinem Vorleser Henri de Catt im Jahre 1758 hingewiesen werden.

Das zweite umfängliche persönliche Testament datiert vom 8. Januar 1769.[63] In dreiunddreißig Punkten versucht der König alles, vor allem die familiären Dinge, zu regeln. Der erste Punkt gilt aber wieder seiner Person und wie nach seinem Ableben zu verfahren sei: »Unser Leben führt uns mit raschen Schritten von der Geburt zum Tode. In dieser kurzen Zeitspanne ist es die Bestimmung des Menschen, für das Wohl der Gemeinschaft, deren Mitglied er ist, zu arbeiten. Seit dem Tage, da mir die Leitung der Geschäfte zufiel, war es mein ernstes Bemühen, mit allen Kräften, die mir die Natur verliehen hat, und nach Maßgabe meiner schwachen Einsicht den Staat, den zu regieren ich die Ehre hatte, glücklich und blühend zu machen. Ich habe dem Recht und den Gesetzen zur Herrschaft verholfen, habe Ordnung und Klarheit in die Finanzen gebracht und im Heere die Manneszucht erhalten, die ihm seine Überlegenheit über die anderen Truppen Europas verschaffte. Nachdem ich

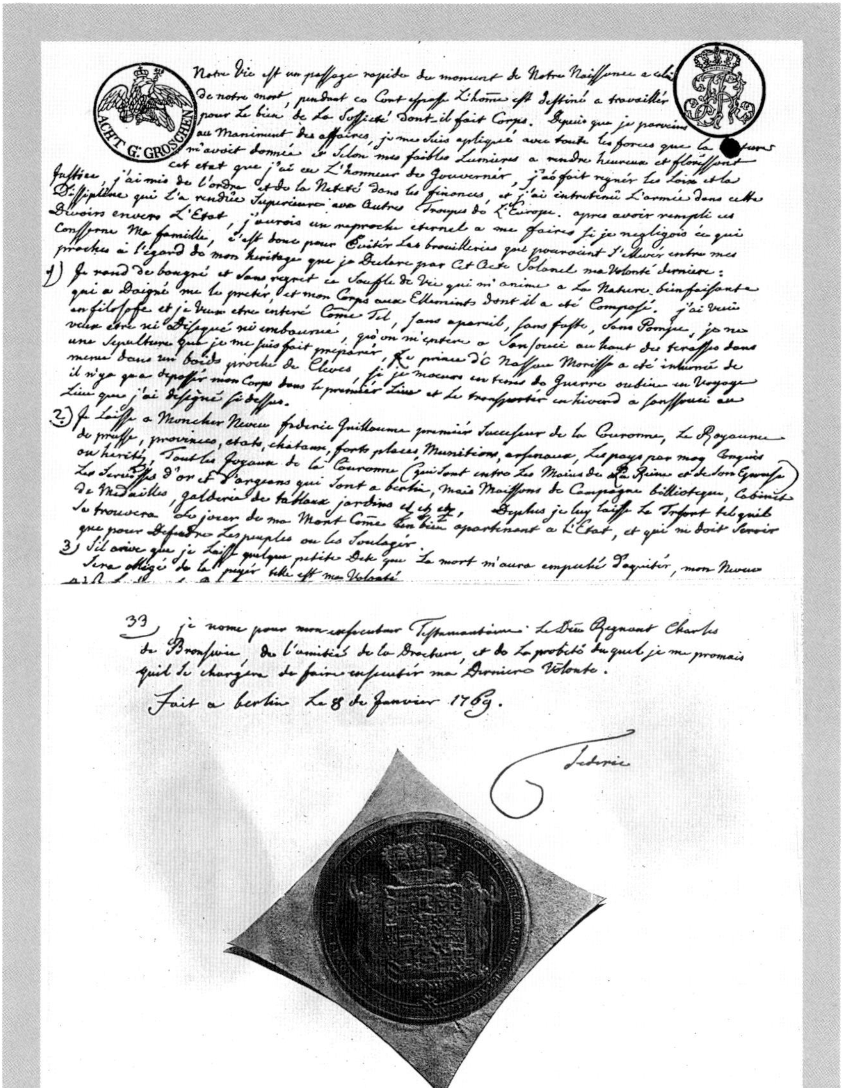

23. Eigenhändiges Testament Friedrichs des Großen vom 8. Januar 1769 (Ausschnitt)

24. Johann Heinrich Christian Franke, Friedrich der Große auf den geschlossenen Janustempel weisend, um 1765

diese Pflichten gegen den Staat erfüllt habe, hätte ich mir ewige Vorwürfe zu machen, wenn ich die Angelegenheiten meiner Familie vernachlässigte. Zur Abwendung von Zerwürfnissen unter meinen Angehörigen, die wegen meiner Erbschaft entstehen könnten, erkläre ich in dieser feierlichen Urkunde meinen letzten Willen.«

»1. Gern und ohne Klage gebe ich meinen Lebensodem der wohltätigen Natur zurück, die ihn mir gütig verliehen hat, und meinen Leib den Elementen, aus denen er besteht. Ich habe als Philosoph gelebt und will als solcher begraben werden, ohne Gepränge, ohne feierlichen Pomp. Ich will weder geöffnet noch einbalsamiert werden. Man bestatte mich in Sanssouci auf der Höhe der Terrassen in einer Gruft, die ich mir habe herrichten lassen. Prinz Moritz von Nassau ist in gleicher Weise in einem Wäldchen bei Kleve beigesetzt worden. Sterbe ich in Kriegszeiten oder auf der Reise, soll man mich im ersten besten Ort beisetzen und im Winter nach Sanssouci an die bezeichnete Stätte bringen.«[64]

Ein äußerer Anlaß für die erneute Abfassung des Testaments ist nicht erkennbar. Diesmal ging jedoch dem persönlichen ein großes, am 7. November 1768 abgeschlossenes politisches Testament voraus.

Viermal legt der König zwischen 1752 und 1769 fest, daß er in Sanssouci ohne aufwendige Zeremonie in der schon 1744 angelegten Gruft nach seinem Tode beigesetzt werden wollte. Doch diesem königlichen Willen wurde nicht entsprochen.

Tod in Sanssouci – Beisetzung in der Garnisonkirche

Friedrich der Große starb am 17. August 1786 um 2 Uhr 20 Minuten im Sessel sitzend in seinem Arbeits- und Schlafzimmer im Schloß Sanssouci. Anwesend waren der Lakai Strutzki, der Leibmedikus Dr. Selle und die Kammerdiener Neumann und Schoening. Gegen 3 Uhr erschien Friedrich Wilhelm II. und ordnete die Aufbahrung im danebengelegenen Konzertzimmer und die Versiegelung des Sterbezimmers an. Die sonst übliche Einbalsamierung wurde nicht vorgenommen.

Am Abend des 17. August gegen 9 Uhr wurde der Leichnam von Sanssouci zum Potsdamer Stadtschloß in den großen Marmorsaal gebracht. Am 18. August wurde der Sarg in dem mit gelbem Samt und Silber dekorierten Audienzzimmer dieses Schlosses aufgestellt. Dort war der König in seiner Paradeuniform »den ganzen Tag über für jedermann, hoch und niedrig, Bürger oder Soldat, zu sehen«.[65]

Am Abend des 18. August 1786 erfolgte die Überführung in die Garnisonkirche und die Beisetzung in der Gruft Friedrich Wilhelms I. Der Platz neben dem Vater war leer, da die Mutter Sophie Dorothea 1757 im Berliner Dom beigesetzt worden war. Das alles geschah ohne Pomp und Prunk mit kleinem, meist militärischen Gefolge, nicht einmal der König war dabei.

Der Leichnam des Königs lag in einem Doppelsarg: Der äußere gelb gebeizte Eichensarg war mit schwarzem Juchten ausgeschlagen, mit versilberten Schilden und Handgriffen verziert und stand auf sechs Kugelfüßen. Der innere Einsatzsarg war außen mit Wachsleinwand bezogen und innen mit weißem Atlas gepolstert. Am 19. August 1786 wurde der Doppelsarg, da es sehr heiß war, mit nassen Bastmatten behangen und nach Beseitigung der Kugelfüße in einen ausgepichten Kasten gestellt. Am 30. August 1786 früh morgens 5 Uhr wurde der Doppelsarg aus dem

Kasten genommen und in einen Sarg aus feinem englischen Zinn, den der Berliner Gießmeister Michaud angefertigt hatte, hineingesetzt. Das Verlöten des Zinnsarges dauerte zwei Tage. Angeblich sollte dieser Sarg noch von einem Marmorsarkophag umschlossen werden. Den entsprechenden Block hätte sich der König bereits aus Carrara kommen lassen.[66]

So entspricht die einfache und ohne Aufwand vollzogene Beisetzung vielleicht noch dem testamentarischen Willen des Königs. Auch wenn sich die beiden Grüfte in ihrer Schlichtheit ähnelten, so war die Garnisonkirche nicht der ausdrücklich im Testament festgelegte Bestattungsort – das war die Gruft in Sanssouci. Angeblich soll Friedrich Wilhelm II. gleich nach dem Ableben Friedrichs des Großen die Gruft in

25. Unbekannter Künstler, Friedrich der Große auf der Terrasse von Sanssouci, um 1786

Sanssouci besichtigt haben. »Da fand man, daß das Gemäuer der Würde eines Königs nicht entspräche«[67], das war die allgemeine Meinung. Dazu kam die Frage, ob Friedrich der Große die Beisetzung in Sanssouci wirklich ernstlich gewollt hatte. So konnte man die Entscheidung Friedrich Wilhelms II. gutheißen: »Weniger kann und darf ich nicht tun, als mein seliger Onkel an Friedrich Wilhelm I. getan hat, aber ein Mehreres zu tun, steht in meiner Gewalt.«[68]

26. Johann Friedrich Bock, Tod Friedrichs des Großen in Sanssouci, 1786

Friedrich Wilhelm II. befahl für die offizielle Trauerfeier, die für den 9. September 1786 festgesetzt war, »alles so einzurichten, wie es bey den Exequien König Friedrich Wilhelms des Ersten wäre gehalten worden«.[69]

Aufwendige Feierlichkeiten, wegen der notwendigen Vorbereitungen Wochen nach der eigentlichen Beerdigung veranstaltet, waren ein fester Bestandteil fürstlichen Bestattungszeremoniells, dessen Tradition in Brandenburg-Preußen bis in das 17. Jahrhundert zurückreicht. Für die »Dekoration des Augenblicks« wurden nur die besten Künstler, vornehmlich Architekten, herangezogen, und Aufwand und Ablauf der Feierlichkeiten wurden nicht selten in Bild und Schrift wiedergegeben.

Für Friedrich Wilhelm I. hatte Knobelsdorff »ein Meisterstück der Bau- und Zeichenkunst«[70] geliefert, und auch der nun beauftragte Carl von Gontard entledigte sich mit seinen Mitarbeitern Manger, Krüger, Richter, Schadow und Bock der übertragenen Aufgabe mit viel Geschick und Gespür für eine der Situation angemessene Theatralik. In kurzer Frist wurde der Marmorsaal des Stadtschlosses sowie der westlich angrenzende Bronzesaal mit »draps de dames«, einem feinen leichten schwarzen Tuch verhangen und mit silbernen Tressen und ebensolchen Wandleuchtern verziert. Im Audienzzimmer befand sich das eigentliche Castum doloris (Trauerbühne) mit dem leeren Paradesarg. Dieser Raum bekam eine violette Stoffbespannung mit Silbertressen. Auch die Garnisonkirche wurde mit schwarzem Stoff dekoriert, und für die Aufstellung des Paradesarges war nach dem Entwurf des Berliner Malers Bernhard Rode ein Rundbau als Tempel der Unsterblichkeit errichtet worden.

Am 9. September 1786 bewegte sich der Trauerzug mit dem Paradesarg, begleitet vom neuen König, Angehörigen des Adels, Militärs und Ministern vom Stadtschloß über einen hölzernen, mit schwarzem Tuch bespannten Steg zur Garnisonkirche, wo die Trauerfeierlichkeiten stattfanden. Den Abschluß bildete ein Gastmahl für 590 Personen.

Noch einmal hatte sich das ganze barocke Pathos entfalten können, es war gleichsam der Endpunkt eines markanten Abschnitts preußischer Geschichte und Kunstgeschichte, der in entscheidendem Maße von Friedrich dem Großen mitgeprägt worden war.

27. Johann Eckstein, Friedrich der Große auf dem Totenbett, nach 1786

28. Friedrich (Wilhelm) Bock, Aufbahrung Friedrichs des Großen im Potsdamer Stadtschloß, 1786

Schaulustige gab es, wie immer bei solchen Anlässen, genug, die auf eigens dafür errichteten Tribünen oder auf den abgedeckten Dächern den Trauerzug verfolgten. Die Öffentlichkeit nahm den Tod eher gelassen, vielleicht sogar erleichtert auf. Friedrich der Große war schon zu Lebzeiten eine Legende geworden, aber noch immer eine europäische Persönlichkeit, die man kannte. Goethe berichtete von seiner Italienreise auf Caltenisetta auf Sizilien am 28. April 1787: »Wir mußten von Friedrich dem Zweiten erzählen, und die Theilnahme der Einwohner an diesem großen Könige war so lebhaft, daß wir seinen Tod verhehlten, um nicht durch so eine unselige Nachricht unseren Wirthen verhaßt zu werden.«[71]

In Preußen dachte man weniger an ihn. Als es dem Land aber zusehends schlechter ging, erinnerte man sich wieder seiner und seiner Leistungen. Ab 1800 werden in der Kunstausstellung der Berliner Akademie in einer besonderen »Galerie vaterländisch-historischer Darstellungen«, angeregt von König Friedrich Wilhelm III., der große König und seine Taten in Gemälden und Kupferstichen dargestellt, darunter auch das eingangs beschriebene Bild von Frisch, das Friedrich und d'Argens an der Gruft in Sanssouci zeigt.

Schon früher, eigentlich sofort nach seinem Tode, begannen die Ideen für ein Friedrich-Denkmal, für dessen Realisierung es mehr als ein halbes Jahrhundert bedurfte.

Friedrich wurde als Mensch und Held mehr und mehr zur Symbolfigur aus Preußens großer Zeit. Der Besuch des russischen Zaren Alexander I. in Potsdam ab 25. Oktober 1805 wurde zum Anlaß genommen, am Sarg Friedrichs des Großen ein festes Bündnis zwischen Rußland und Preußen gegen die Bedrohung Napoleons zu beschwören. »In der Nacht (vom 4. zum 5. Nov. 1805, d.V.) gegen 1 Uhr betraten der Kaiser, der König und die Königin (Luise und Friedrich Wilhelm III. d.V.) die mit Wachskerzen erleuchtete Kirche. Am Grabe Friedrichs des Großen küßte Alexander, von seinen Empfindungen überwältigt, den Sarg des ruhmreichen Toten, und reichte sodann dem König und der Königin die Hand als Unterpfand unverbrüchlicher Freundschaft.«[72] Die Darstellung wurde, wohl wegen ihrer patriotischen Stimmung, schnell populär und in mehreren Varianten verbreitet. Ein Jahr später war Napoleon vom 24. bis 26. Oktober 1806 in Potsdam, nahm Quartier im Stadtschloß und besichtigte neben den Schlössern Sanssouci und Neues Palais am 25. Oktober auch die Gruft in der Garnisonkirche. Beim Anblick des einfachen Sarges soll er nach Mitteilung des Hofküsters Gleim gesagt haben: »Sic transit gloria mundi!« Der Kammerdiener Tamanti überlieferte außerdem den Ausspruch: »Wenn man tot ist, so ist doch der Ruhm unsterblich«.[73]

29. Carl von Gontard und Andreas Ludwig Krüger, Paradezimmer im Potsdamer Stadtschloß mit Katafalk Friedrichs des Großen, 1786

In seinen eigenen Erinnerungen berichtet Napoleon: »Ich konnte mich nicht eines schwer zu schildernden Gefühls erwehren, als ich die Stufen zum Schlosse Friedrichs erstieg und in Sanssouci alle Räume besichtigte, die durch den großen König unsterblich geworden sind. Er hatte sieben Jahre dem alten Europa Widerstand geleistet; in vierzehn Tagen ist seine Monarchie vor unseren Adlern in den Staub gesunken.«[74] Es dauerte keine zehn Jahre, da war auch Napoleon geschlagen.

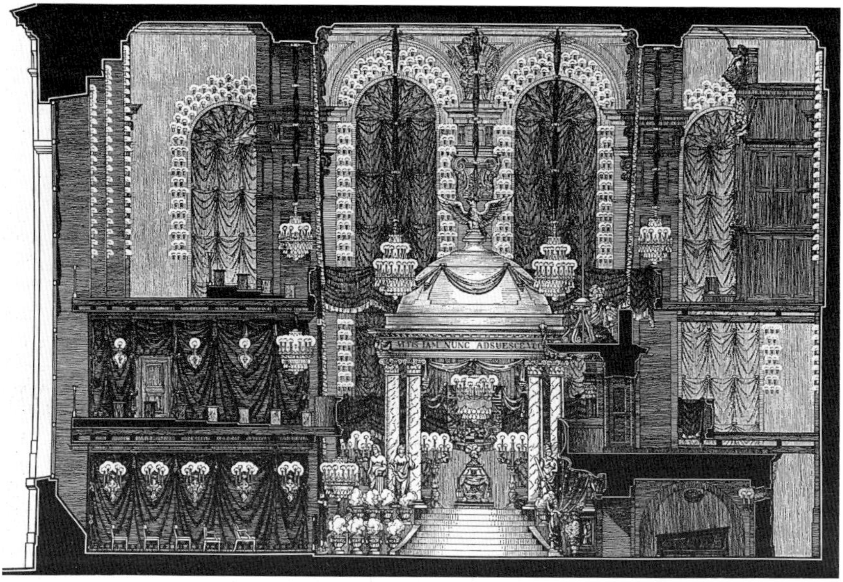

30. Ausschmückung der Hof- und Garnisonkirche beim Leichenbegängnis Friedrichs des Großen am 9. September 1786, Rekonstruktion von Friedrich Laske, 1912

31. Gruft Friedrich Wilhelms I. und Friedrichs des Großen in der Potsdamer Hof- und Garnisonkirche, Aufnahme 1935

32. Franz Catel, Alexander I. von Rußland, Königin Luise und König Friedrich Wilhelm III. von Preußen am Sarg Friedrichs des Großen in der Potsdamer Garnisonkirche, 1805

33. Johann Friedrich Arnold nach Heinrich Anton Dähling, Napoleon am Sarg Friedrichs des Großen in der Potsdamer Garnisonkirche, 1806

Die Odyssee der Königssärge

Das Unheil begann am 21. März 1933, dem berüchtigten Tag von Potsdam. An den Särgen Friedrich Wilhelms I. und Friedrichs des Großen in der Garnisonkirche sollte der nationalsozialistische Unrechtsstaat seine preußische Weihe erhalten, aber das Preußen Friedrichs des Großen hatte mit alledem nichts zu tun, auch wenn der greise Generalfeldmarschall von Hindenburg allein am Sarg dieses Königs einen Kranz niederlegte. Das Ende waren Krieg und auch die Zerstörung der Garnisonkirche.

Zwei Jahre vor Kriegsende wurden die beiden Särge aus der Garnisonkirche in das Hauptquartier des Oberbefehlshabers der Luftwaffe in Wildpark bei Potsdam transportiert. Darüber berichtet der an dem Unternehmen beteiligte Otto Becker: »Am 20. März 1943 16.00 Uhr, hat Hitler ein Telegramm an General v. Wulfen (Stadtkommandant Potsdam) gesandt mit dem Auftrage, daß die beiden Könige Friedrich d. Große und Friedrich Wilhelm I. aus der Potsdamer Garnisonkirche, Richtung Wildpark, Hauptquartier Hermann Göring, sofort zu entfernen sind. Ich war seiner Zeit als Werkmeister bei der Heeresstandortverwaltung Potsdam tätig und gut bekannt mit Herrn General v. Wulfen. Herr General setzte sich sofort mit dem Vorsteher des HSTOV Potsdam, Herrn Oberfeldintendanten Schmeichel in Verbindung und bat Herrn Schmeichel, daß ich sofort mit dem Schneidgerät zur Garnisonkirche kommen möchte. Herr Schmeichel beauftragte Herrn Stabsintendant Rosenberger mich aus meiner Dienstwohnung (4. MGKIR 9 Pappelallee) wo ich auch meine Werkstatt hatte, mit einem LKW abzuholen. In der Garnisonkirche (18.00) angekommen, gab mir sofort Herr General bekannt, um was es sich handelt. Der Sarkophag von Friedrich d. Großen war derartig schwer, daß es nicht möglich war, denselben aus der Gruft hinter dem Altar nach dem Innern der Kirche zu transportieren. Wir waren genötigt, den Deckel vom Sarkophag mit dem Schneidgerät abzubrennen. Der Sarg blieb im unteren Teil des Sarkophags stehen. Beide Teile transportierten wir zuerst von den Altar. Anschließend öffneten wir den Marmor-Sarkophag Friedrich Wilhelms I. Nachdem wir den Marmordeckel abgenommen hatten, sahen wir, daß der Sarg vollständig morsch war u. bei meinem Berühren sofort einfiel. Herr General v. Wulfen hat darauf einen anderen Sarg kommen lassen, nachdem wir dann die Umbettung vorgenommen haben. Beim Hinaustra-

34. Tafel vom Standort der Särge Friedrich Wilhelms I. und Friedrichs des Großen in der Elisabethkirche Marburg 1946–1952

gen der beiden Särge aus der Kirche standen 10 aktive Offiziere Spalier und 10 aktive Offiziere haben die beiden Särge auf je einen LKW gestellt. Ungefähr 22.00 war dann die Abfahrt zum Bestimmungsort. Wir mußten durch fünf Sperrketten. Im Hauptquartier angekommen, wurden die Särge von den Offizieren wieder abgetragen. Der Transport ins Innere des Hauptquartiers (Beton-Bunker) war durch den schmalen Korridor so schwierig, daß wir am Eingang die Särge vorn hoch heben mußten um in den Korridor zu kommen, dadurch fielen die Leichen in sich zusammen. Der weitere Transport vom Wildpark nach Marburg ist mir unbekannt. Die beiden Schlüssel von der Gruft sind in meinem Besitz. Auch habe ich noch einen Rest von dem abgeschmolzenen Metall vom Sarkophag Friedrichs des Großen. Der Sarkophag Friedrich Wilhelms I. u. sämtliche Fahnen sind in der Gruft geblieben.«[75]

Die Särge kamen nicht nach Marburg, wie Becker glaubte, sondern wurden am 13. März 1945 mit den Särgen des Paul v. Hindenburg und seiner Frau, die schon im Januar 1945 nach Potsdam gekommen waren, sowie den Reichsinsignien, 65 Kisten mit Büchern aus den Bibliotheken Friedrichs des Großen, dem Totenhelm des Großen Kurfürsten von 1688, Porzellan, Tapisserien, dem Reichsschwert und dem Kurschwert in das Kalibergwerk Berntgerode bei Heiligenstadt transportiert. Sofort nach der Ankunft am 14. März 1945 wurde alles in 563 m Tiefe transportiert und eingemauert. Da der Förderkorb zu klein war, mußten die Särge schräg gestellt werden, wobei ein Sarg beschädigt wurde.

Am 27. April fanden die in Thüringen einmarschierenden Amerikaner die Särge und das Kunstgut und brachten alles nach Marburg, wo ein Collection point eingerichtet worden war. Die Särge deponierte man zuerst im Keller des Marburger Schlosses, dann ab Februar 1946 in einem Kellerraum im Staatsarchiv. Amerikanische Regierungsstellen bemühten sich zusammen mit Vertretern der Hessischen Regierung und dem Sohn Hindenburgs um eine Beisetzung der Königssärge und der Särge der Hindenburgs in der Marburger Elisabethkirche.[76]

Zusammen mit dem zuständigen Pfarrer Schimmelpfennig wurde als Ort der Grabstätte der Elisabethchor für die preußischen Könige, die nördliche Turmhalle für das Ehepaar Hindenburg ausgewählt. Die Beisetzung der Hohenzollern geschah am 21. August 1946 in Anwesenheit

des Prinzen Louis Ferdinand und seiner Frau Kyra, Mitgliedern der Familie, amerikanischen Militärs sowie einiger Hessischer Staatsbeamter. Die Öffentlichkeit war ausgeschlossen. Vier Tage später fand die Beisetzung der Hindenburgs statt.
Seit Anfang 1952 bemühte sich der Chef des Hauses Hohenzollern, die Särge auf die Burg Hohenzollern zu holen. In der Nacht vom 27. zum

35. Christuskapelle auf der Burg Hohenzollern mit den Särgen Friedrich Wilhelms I. und Friedrichs des Großen

28. August 1952 wurden die Särge aus der Gruft genommen und unter strengster Geheimhaltung in die Christuskapelle der Burg Hohenzollern gebracht. An der nachfolgenden kirchlichen Gedenkfeier am 14. September 1952 waren außer der Familie Hohenzollern hohe Vertreter der Bundesrepublik Deutschland und des Landes Baden-Württemberg anwesend.

Den Ort der Aufstellung der Särge in der Elisabethkirche bezeichnet heute eine Gedenktafel.[77] Damals hatte Prinz Louis Ferdinand gesagt: »An dem Tag, an dem Deutschland in Freiheit wieder vereint ist, werden – so Gott will – die sterblichen Überreste der beiden Preußenkönige nach Potsdam zurückkehren.«[78]

Im Mai 1990, wenige Monate nach dem Fall der Mauer, hat sich der Chef des Hauses Hohenzollern zu seinem Wort bekannt. Am 17. August 1991, dem 205. Todestag Friedrichs des Großen, wird sein Testament erfüllt, und er wird in der Gruft auf der obersten Terrasse von Sanssouci beigesetzt. Der Sarg des Vaters Friedrich Wilhelm I. findet, nicht weit davon entfernt, im Mausoleum Kaiser Friedrichs III. in der Friedenskirche seinen Platz.

Potsdam hat seine bedeutendsten Könige wieder.

Anmerkungen

1 Die Kataloge der Berliner Akademie-Ausstellungen 1786–1850. Bearbeitet von Helmut Börsch-Supan. Berlin 1971, Katalog 1802, Nr. 2
2 Vgl. Volz, Gustav Berthold: Das Sanssouci Friedrichs des Großen, Berlin und Leipzig 1926, S. 42/43
3 Manger, Heinrich Ludwig: Baugeschichte von Potsdam, Berlin 1789, S. 504
4 Brozat, Dieter: Der Berliner Dom und die Hohenzollerngruft, Berlin 1985; Klingenburg, Karl-Heinz: Der Berliner Dom, Berlin 1987, S. 22, 43 f.
5 Die Werke Friedrichs des Großen. Hrsg. v. G. B. Volz, Berlin 1913, Bd. 7, S. 273/74. Volz merkt an, daß das Grab der Horatier bei Albano gemeint sei.
6 Die Werke Friedrichs des Großen, a.a.O., Bd. 7, S. 275
7 Nicolai, Friedrich: Beschreibung der Residenzstädte Berlin und Potsdam, Berlin 1786, Bd. III, S. 1200
8 Nicolai, S. 1204
9 Nicolai, S. 1212
10 Krüger, Rolf-Herbert: Friedrich Wilhelm Diterichs, Architekt, Ingenieur und Baubeamter in Preußen zur Zeit Friedrich Wilhelms I. und Friedrichs II. Diss. TU Dresden 1990
11 Staatsbibliothek Preußischer Kulturbesitz, Berlin, Nachlaß Nicolai 15: Diterichs, Brief Diterichs aus Orpensdorf/Altmark vom 20. Februar 1771 an F. Nicolai
12 Karg, Detlef: Die Entwicklungsgeschichte der Terrassenanlage und des Parterres vor dem Schloß Sanssouci. Hrsg. Staatliche Schlösser und Gärten Potsdam-Sanssouci 1980
13 Geheimes Staatsarchiv Preußischer Kulturbesitz, Berlin, Dienststelle Merseburg, Rep. 36, Nr. 3236, Bl. 1 Cabinetsordre Friedrichs II. vom 10. August 1744

14 Stiftung Schlösser und Gärten Potsdam-Sanssouci, Plankammer, Sanssouci-Bau, Potsdam 1744–45, Nr. 241, Bl. 17
Schreiben des Geh. Rates Lautensack an den Kammerpräsidenten von der Osten vom 2. August 1744: »Diterichs soll sich eiligst beim König melden!«
15 Stiftung Schlösser und Gärten Potsdam-Sanssouci, Plankammer, Sanssouci-Bau, Potsdam 1744–45, Nr. 241, Bl. 20; Karg, a.a.O. S. 44, Anm. 30
16 Geheimes Staatsarchiv Preußischer Kulturbesitz, Berlin, Dienststelle Merseburg, Rep. 36, Nr. 3235, Bl. 187
17 Karg, S. 8
18 Geheimes Staatsarchiv Preußischer Kulturbesitz, Berlin, Dienststelle Merseburg, Rep. 36, Nr. 3236, Bl. 247
19 Karg, S. 9/10
20 Karg, S. 10
21 Bethge, A.: Die Gruft auf Sanssouci. In: Mitt. d. Vereins für die Geschichte Potsdams, Bd. 1, Potsdam 1862/63, 7. Sitzung, S. 1
22 Bethge, S. 1
23 Schwipps, Werner: Die Königl. Hof- und Garnisonkirche zu Potsdam, Berlin 1991, S. 38; Kitschke, Andreas: Die Potsdamer Garnisonkirche, Berlin 1991, S. 34
24 Höckerdorf, Paul: Sanssouci zur Zeit Friedrichs des Großen und heute, Berlin 1903, S. 67
25 Stiftung Schlösser und Gärten Potsdam-Sanssouci, Plankammer, Sanssouci-Bau, Potsdam 1744–45, Nr. 241, Bl. 36
26 Stiftung Schlösser und Gärten Potsdam-Sanssouci, Plankammer, Sanssouci-Bau, Potsdam 1744–45, Nr. 241, Bl. 46, Schreiben Diterichs vom 9. Oktober 1744 an die Kurmärkische Kammer
27 Stiftung Schlösser und Gärten Potsdam-Sanssouci, Plankammer, Sanssouci-Bau, Potsdam 1744–45, Nr. 241, Bl. 47 u. 48/RS, Schreiben Sobbes vom 9. Oktober 1744 an die Kurmärkische Kammer
28 Stiftung Schlösser und Gärten Potsdam-Sanssouci, Plankammer, Sanssouci-Bau, Potsdam 1744–45, Nr. 241, Bl. 54–58/RS, Schreiben Neubauers vom 10. Oktober 1744
29 Stiftung Schlösser und Gärten Potsdam-Sanssouci, Sanssouci-Bau,

Potsdam 1744–45, Nr. 241, Bl. 68–69/RS, Schreiben Diterichs vom 24. Oktober 1744

30 Stiftung Schlösser und Gärten Potsdam-Sanssouci, Sanssouci-Bau, Potsdam 1744–45, Nr. 241, Bl. 62–63/RS, Verweis der Kurmärkischen Kammer für Neubauer vom 28. Oktober 1744

31 Sturm, C. L.: Anweisung großer Herren Paläste, Augsburg 1718, S.65

32 Höckerdorf, S. 72

33 Manger, S. 48

34 Manger, S. 48

35 Stiftung Schlösser und Gärten Potsdam-Sanssouci, Sanssouci-Bau, Potsdam 1744–45, Nr. 241, Bl. 4/RS, Schreiben Diterichs vom 24. Juni 1744

36 Geheimes Staatsarchiv Preußischer Kulturbesitz, Berlin, Dienststelle Merseburg, Rep. 36, Nr. 3235, Bl. 1. Die Kabinettsordre Friedrichs II. zur Erbauung der Orangerie erfolgte erst am 13. Juni 1744

37 Geheimes Staatsarchiv Preußischer Kulturbesitz, Berlin, Dienststelle Merseburg, Rep. 36, Nr. 3413, Bl. 1

38 Geheimes Staatsarchiv Preußischer Kulturbesitz, Berlin, Dienststelle Merseburg, Rep. 36, Nr. 3236, Bl. 1. Kabinettsordre vom 10. August 1744

39 Geheimes Staatsarchiv Preußischer Kulturbesitz, Berlin, Dienststelle Merseburg, Rep. 36, Nr. 3415, Bl. 1. Kabinettsordre Friedrichs II. vom 29. Dezember 1744

40 Geheimes Staatsarchiv Preußischer Kulturbesitz, Berlin, Dienststelle Merseburg, Rep. 36, Nr. 3414, Bl. 1. Kabinettsordre Friedrichs II. vom 2. August 1744

41 Brandenburgisches Landeshauptarchiv Potsdam, Pr. Br., Rep. 2B 1716, Bl. 114/RS. Diterichs meint damit die Tätigkeit des Ingenieurkapitäns Andreas Berger, der die Bauleitung bis 1740 bei den Stadterweiterungen Potsdams unter Friedrich Wilhelm I. inne hatte.

42 Geheimes Staatsarchiv Preußischer Kulturbesitz, Berlin, Dienststelle Merseburg, Rep. 36, Nr. 3235, Bl. 187

43 Mittenzwei, Ingrid: Friedrich II. von Preußen, Berlin 1984, S. 76

44 Friedrich der Große. Ausstellungskatalog, Berlin 1986, S. 94

45 Karg, S. 9
46 Friedrich der Große im Gespräch mit Henri de Catt. Hrsg. v. Willy Schüßler, München 1981, S. 133/34
47 Oesterreich, Matthias: Schreibung und Erklärung der Gruppen, Statuen... Berlin 1775, S. 20, 23
48 Oesterreich, S. 20 (106), 23 (124)
49 Ludwig Persius. Das Tagebuch des Architekten Friedrich Wilhelms IV. 1840–1845. Hrsg. v. Eva Börsch-Supan. München 1980, S. 67, 118
50 Oesterreich, S. 20
51 Hübner, P. G.: Schloß Sanssouci. Berlin 1926, S. 71; Volz, S. 49
52 Manger, S. 504
53 Bethge, S. 1
54 Vgl. Brief Friedrichs des Großen an Wilhelmine beim Tod von Biche 1752. Volz, S. 49
55 Zitat bei Sello, Georg: Potsdam und Sanssouci, Breslau 1888, S. 144
56 Die Werke Friedrichs des Großen, S. 276–280
57 Briefwechsel Friedrichs des Großen mit seinem Bruder Prinz August Wilhelm, Leipzig o.J., S. 113
58 Hilger, Hans Peter: Das Grabmonument des Fürsten Johann Moritz in Bergendael bei Kleve. In: Soweit der Erdkreis reicht, Johann Moritz von Nassau-Siegen 1604–1679, Ausstellungskatalog, Kleve 1979, S. 205–212
59 Tagebuch oder Geschichtskalender aus Friedrichs des Großen Regentenleben. Hrsg. v. K. H. S. Rödenbeck, Bd. 1, Berlin 1840. S. 19, 21; Hilger, S. 212
60 Rödenbeck, Bd. 2, Berlin 1841, S. 218; Hilger, S. 212
61 Die Werke Friedrichs des Großen, S. 283
62 Die Werke Friedrichs des Großen, S. 285/86
63 Die Werke Friedrichs des Großen, S. 287–291; geschrieben wurde das Testament am 22. Dezember 1768 (Rödenbeck, Bd. 2, Berlin 1841, S. 312)
64 Vgl. Anm. 63, S. 287
65 Nach Kletschke, Zitat bei Laske, Friedrich: Die Trauerfeierlichkeiten für Friedrich den Großen, Berlin 1912, S. 8
66 Sello, S. 146

67 Laske, S. 12

68 Laske, S. 15

69 Manger, S. 505

70 Laske, S. 15

71 Zitat bei: Preuß, I.D.E.: Friedrich der Große. Eine Lebensgeschichte, 4. Bd., Berlin 1833, S. 276

72 Cohnfeld, A.: Ausführliche Lebens- und Regierungsgeschichte Friedrich Wilhelms III., Königs von Preußen, Berlin 1840, S. 536, 537. Zitat bei: Friedrich der Große. Ausstellungskatalog, Berlin 1986, S. 395; Vgl. auch Kitschke, S. 55/56

73 Backschatt, Friedrich: Napoleon in Potsdam. In: Mitt. d. Vereins f. d. Geschichte Potsdams NF 11, 1932, S. 107; vgl. auch Kitschke, S. 57/58

74 Zitat bei: Friedrich der Große. Ausstellungskatalog, Berlin 1986, S. 332/33

75 Bericht aus dem Jahre 1952 im Hausarchiv des vormals Regierenden Preußischen Königshauses, Burg Hohenzollern. Als Datum der Auslagerung der Särge wird bei Schwipps, S. 100–107, Februar 1945 angegeben. Überhaupt gibt es in der Literatur unterschiedliche Darstellungen von diesem Vorgang. Vgl. auch Bentzien, Hans: Ich, Friedrich II., Berlin 1991, S. 11–24

76 Lacher, Walter: Die Elisabethkirche nach dem Zweiten Weltkrieg. In: Elisabeth, der Deutsche Orden und ihre Kirche. Quellen zur Geschichte des Deutschen Ordens, Bd. 18, Marburg 1983, S. 377–384

77 Die Jahreszahl 1945 ist nicht richtig, es muß 1946 heißen

78 Schwipps, S. 107

Bildnachweis

Balingen, Foto-Mauthe: 35

Berlin, J. P. Anders: 2, 26, 27, 28, 29, 32

Berlin, Stiftung Preußischer Kulturbesitz, Geheimes Staatsarchiv: 34

Brauweiler, Rheinisches Landesamt für Denkmalpflege: 19

Bildarchiv Foto Marburg: 34

Potsdam, K. Bergmann: 1, 3, 4, 5, 22, 24, 33

Potsdam, Stiftung Schlösser und Gärten Potsdam-Sanssouci (R. Handrick): 6, 9, 10, 11, 12, 13, 17, 18, 20, 21, 23, 30

Potsdam, Potsdam-Museum: 31 (Baur-Foto)

Die Grundrisse 14, 15 zeichnete Herbert Sander, Kleinmachnow bei Potsdam, nach Vorlagen der Bauabteilung Potsdam-Sanssouci

Standortnachweis

Berlin, Ehem. Hohenzollernmuseum Schloß Monbijou: 9 (verschollen)

Berlin, Staatliche Schlösser und Gärten: 2, 27, 28, 32

Berlin, Stiftung Preußischer Kulturbesitz, Geheimes Staatsarchiv,
Dienststelle Merseburg: 7, 8, 21, 23
Kupferstichkabinett: 29

Berlin, Sammlung Axel Springer: 25

Leiden, Prentenkabinet der Rijksuniversiteit: 19

Potsdam, Stiftung Schlösser und Gärten Potsdam-Sanssouci: 1, 3–6, 10, 11, 18, 22, 24, 26

Reproduktion aus: Friedrich Laske. Die Trauerfeierlichkeiten für Friedrich den Großen, Berlin 1912: 30

Der Autor

Hans-Joachim Giersberg,

Dr. phil., geboren 1938. Studium der Kunstgeschichte, Geschichte und Völkerkunde an der Berliner Humboldt-Universität. Seit 1964 wiss. Mitarbeiter für Skulpturen, seit 1969 für Denkmalpflege in den Staatlichen Schlössern und Gärten Potsdam-Sanssouci, seit 1978 Direktor der Schlösser. Zahlreiche Veröffentlichungen zur Kunst- und Kulturgeschichte Potsdams, u. a. Potsdamer Veduten (1980), Potsdamer Schlösser in Geschichte und Kunst (1984), Friedrich als Bauherr (1986) sowie Mitarbeit an Ausstellungen im In- und Ausland; Karl-Friedrich Schinkel (Berlin 1980/81, Hamburg 1982/83), Friedrich II. und die Kunst (1986 Potsdam-Sanssouci), Der Große Kurfürst (1988 Potsdam-Sanssouci). Bei Nicolai erschienen die Bände Schlösser und Gärten in Potsdam (1990) und Potsdam (1990).

Inhalt